행복의 꽃, 지혜의 빛과
마주하시길.
감사한 마음을 담아.

님께

드림

완벽하지
않은 것들에 대한
사랑

완벽하지 않은 것들에 대한 사랑

1판 1쇄 발행 2016년 2월 1일
1판 209쇄 발행 2024년 12월 9일

지은이 혜민
발행처 (주)수오서재
발행인 황은희, 장건태
편집 최민화, 마선영, 박세연
마케팅 장건태, 황혜란, 안혜인
제작 제이오
디자인 맑음과바름 고미나
주소 경기도 파주시 돌곶이길 170-2 (10883)
등록 2018년 10월 4일(제406-2018-000114호)
전화 031)955-9790
팩스 031)946-9796
전자우편 info@suobooks.com
홈페이지 www.suobooks.com
ISBN 979-11-953221-8-3 03810 책값은 뒤표지에 있습니다.

이 도서의 국립중앙도서관 출판시도서목록(CIP)은 서지정보유통지원시스템
홈페이지(http://seoji.nl.go.kr)와 국가자료공동목록시스템(http://www.nl.go.kr/kolisnet)에서
이용하실 수 있습니다.(CIP제어번호: CIP2016000954)

도서출판 수오서재守吾書齋는 내 마음의 중심을 지키는 책을 펴냅니다.

온전한 나를 위한 혜민 스님의 따뜻한 응원

완벽하지 않은 것들에 대한 사랑

혜민 지음 | 이응견 그림

수오서재

지금 이 글을 읽으시는 모든 분들

행복해지시길, 건강해지시길, 편안해지시길.

어디를 가시든 항상 보호받으시길.

자신의 존귀함을 잊지 않으시길.

얼굴에 미소가 뜨듯
마음에도 둥그런 미소가 떠오르시길.
절망과 혼돈의 순간에도
침착함에서 나오는 지혜의 빛을 만나시길.

소년의 꿈. oil on canvas, 130×80, 2013

들어가며

사랑은 이해를 초월합니다

오랜 시간이 지나도 잊히지 않는 긴 여운을 남기는 영화를 우리 삶에서 만날 때가 있어요. 저에게는 〈흐르는 강물처럼A River Runs Through It〉이 그런 영화였어요. 20세기 초 미국 몬태나 주의 아름다운 자연을 배경으로 한 이 영화는 낚시를 종교만큼이나 중요하게 여기는 맥클레인 가족 이야기를 담고 있습니다. 목사인 아버지에게는 두 명의 아들이 있었는데 큰 아들 노먼은 비교적 아버지 뜻에 부합하는 교수 생활을 하게 되지만, 둘째 아들 폴은 지방 신문 기자로 일하며 방탕한 삶을 살게 됩니다. 그러다 폴은 결국 도박 빚을 갚지 못해 길에서 폭행을 당해 죽음을 맞게 되지요. 아들을 잃고 깊은 상실감에 빠진 아버지는 일요일 예배 시간에 둘째 아들을 애도하며 정제된 감정의 언어로 성도들에게 다음과 같이 말합니다.

"우리는 완벽하게 이해할 수 없어도, 온전하게 사랑할 수는 있습니다."

목사인 아버지 입장에선 둘째 아들 폴이 왜 그런 방탕한 삶을 살아야만 했는지 이해할 수 없었지만 그렇다고 아들에 대한 사랑을 멈춘 적은 없었습니다. 즉 사랑은 지적 영역인 이해의 범주를 초월한다는 메시지를 이 영화는 보여줍니다. 내 마음에 들었을 때만, 이해가 되었을 때만 사랑하고, 그렇지 않으면 사랑을 거두는 것이 아니라, 존재의 바탕으로부터 나오는 아버지의 깊은 사랑은 내 마음에 들지 않아도, 내가 동의할 수 없어도 멈추지 않는다는 것입니다. 마치 깊이 흐르는 강물처럼 사랑은 가슴 심연에서 항상 흐르고 있는 것이지요.

우리의 삶을 들여다보면 완벽하지 않은 문제투성이 같은 것들이 눈에 많이 들어옵니다. 우선 나 스스로만 돌아봐도 여러 가지 부족함을 느끼지요. 말과 행동이 다르고, 사람 사이 관계 속에서 삐걱거리며, 공부나 일 처리도 생각처럼 잘 해내지 못합니다. 게다가 살면서 남들에게 이런저런 상처를 주기도 하고, 죄책감이 드는 행동도 하면서 후회를 하지요.

그런데 우리 가족이나 친구, 동료를 봐도 역시 마찬가지입니다. 부모 말을 듣지 않는 내 아이나 나를 이해하지 못하는 부모님, 남편이나 아내의 못마땅한 습관이 금방 눈에 들어옵니다. 나이 든 형제들은 돈이나 건강 문제로 나를 걱정하게 만들고, 자기 앞가림

못하고 불평만 하는 친구는 어느 순간부터 멀리하고 싶어집니다. 매일 아침 뉴스를 보고 있으면 세상 또한 다툼과 갈등, 사건과 사고가 끝없이 벌어집니다.

하지만 이런 완벽하지 않은 것들로 가득한 세상 속에 내가 살고 있다 해도 우리는 그들에 대한 사랑마저 포기할 수는 없습니다. 내 마음에 들지 않는다고, 이해가 되지 않는다고 조소와 미움으로만 이생을 살아가기엔 우리 삶이 너무도 소중하기 때문입니다. 또한 기도나 수행을 하다 보면 내 안에는 나의 완벽하지 못한 부분들만 있는 것이 아니라 그 부분을 따스하게 바라보는 자비한 시선도 함께 있다는 것을 느끼게 됩니다. 마치 엄마가 하나밖에 없는 내 아이를 지켜보는 것처럼 사랑의 눈빛으로 나를 수용하고 바라보는 따뜻함이 우리 내면에 존재합니다.

여전히 많이 부족하지만 그 자비한 시선 속에서 나 자신과 세상을 바라보면서 순간순간 찾아온 생각들을 이 책에 모았습니다. 더불어 마음치유콘서트와 같은 강연을 통해 마주했던 많은 분들과의 만남이 저에겐 큰 공부이자 글감이 되었습니다. 삶의 현장에서 올라오는 고민들은 설령 심리학 박사학위가 몇 개 있다 해도 쉽게 풀 수 없는 구체적이고도 절박한 질문들이 많았습니다. 그분들 한 분 한 분이 저를 지혜의 길로 이끌어주시는 스승님들이셨고, 제 마음의 문이 닫히지 않도록 해주신 자비의 화신들이셨습니다. 부디 저의 부족한 글이 독자분들에게 잠시나마 치유와 용기를 드리고, 스스로를 조금 더 수용하고 사랑의 본성을 깨닫는 시간으로 안내하길 기도합니다. 삶이 가져다주는 절망 속에서도 옆에서 잡아주는 따뜻한 손이 되고, 혼돈의 시간 속에서도 잠시 쉬어갈 수 있는 고요함이 되었으면 합니다.

서울 인사동 마음치유학교에서

혜민 두 손 모아

차례

엄마가 하나뿐인 내 아이 지켜보듯

자애 篇

1

내가 먼저 나를 아껴줄 때,
세상도 나를 귀하게 여기기 시작합니다.

낮잠. oil on canvas, 53×33.3, 2011

너무 착하게만 살지 말아요

혹시 어렸을 때부터 착하다는 말을 많이 들으며 크셨나요? 부모님이나 선생님, 친척 어른들이 하시는 말씀을 절대 거스르지 않고, 어려운 일이 좀 있어도 불평 없이 잘 참으셨는지요. 성인이 된 지금도 맡은 일에 대해서 책임감 있게 최선을 다하며, 남에게 조금이라도 피해가 가지 않도록 노력하며 살고 계시나요? 나를 힘들게 하는 사람을 만나도, 부당한 대우를 받아도 나만 좀 참으면 된다는 생각에 그냥 아무 말 없이 넘어가고, 또 남에게 상처 될 만한 말이나 관계가 불편해질 수 있는 말은 잘할 줄도 모르고요.

이렇게 정말로 '착한' 사람들일수록 심리적 우울증이라든가 공황장애, 직장과 가족 관계에서 오는 화병 같은 마음의 병을 앓고 있는 경우가 많습니다. 그분들은 공통적으로 말도 차분히 하고 성품 자체가 순해 남들에게 배려도 잘합니다. 자신이 하고 싶은 일이나 생각하는 방향이 있어도 다른 사람들이 다른 것을 원하면

나 하나 희생하는 것쯤은 몸에 밴 분들이지요. 이렇게 착한 분들에게 하늘도 무심하시지 왜 이런 마음의 시련을 주시나, 안타까웠던 적이 한두 번이 아니었습니다.

사실 저도 어렸을 때부터 내성적이고 유순한 편이라서 '착하다'는 말을 많이 듣고 자랐습니다. 부모님께 걱정 안 끼치는 착한 아들, 선생님 말씀 잘 듣는 착한 학생, 그게 좋은 것인 줄로만 알았습니다. 그런데 미국에서 공부를 하면서 그냥 착하기만 한 것은 문제가 있다는 것을 처음 느꼈지요. 그룹 과제를 할 때 똑똑하고 기 센 학생들과 함께하다 보니 모두가 기피하는 부분만 저에게 자꾸 맡겨졌습니다. 좋은 게 좋은 거라고 넘어가기 일쑤였지만 그런 일이 반복되니 스트레스가 이만저만이 아니었습니다. 저만 계속 힘들어지더라고요. 이 고민을 친한 미국인 선배에게 털어놓았을 때 그는 이렇게 조언을 해주었어요.

"다른 사람보다 본인에게 먼저 착한 사람이 되세요!"

순간, 뒤통수를 한 대 얻어맞은 듯했습니다. 나 역시 그때까지 다른 사람들이 나를 어떻게 생각할까만을 염려하며 살았던 것입니다. 나를 아껴준다는 것, 나를 사랑한다는 것에 대해 한 번도 제대로 생각하고 느껴본 적이 없었던 것이지요.

착하다는 게 그런 것 같아요. 우리가 보통 어떤 사람을 착하다고 말할 때 자기주장이 강하지 않고 타인의 요구를 잘 따라주는 사람을 착하다고 칭해요. 즉 본인도 분명 하고 싶은 것과 원하는 방향이 있음에도 불구하고 그것을 잘 표현하지 않고 남의 의견에 순종하는 사람을 착하다 하지요. 내 말을 잘 들어주니까 당연히 그 사람은 편한 사람, 좋은 사람, 착한 사람이 됩니다. 결국 자신의 요구를 남 생각해서 잘 표현하지 않거나 종종 누르는 사람을 우리는 '착하다' 하는 것 같아요.

꼭 다 그렇다고 단정해 말할 수는 없지만, 우울증과 같이 심리적으로 아픈 '착한 분'들과 이야기하다 보면 어렸을 때 부모님 등 양육자와의 관계에서 반복되는 일종의 패턴을 찾을 수가 있어요. 예를 들어, 가부장적인 아버지나 성격이 강한 어머니 아래에서 자란 분이 유독 많은 것 같아요. 아니면 형제들 사이에 끼어서 상대적으로 부모님으로부터 많은 관심을 받지 못해 부모님께 원하는 것을 해드림으로써 인정받으려는 욕구가 컸을 수도 있고요. 어떤 경우에는 부모님 서로의 관계가 좋지 않거나 가정형편이 어려워 나라도 말을 잘 들어 힘들어하는 부모님을 편하게 해드려야지 하는 마음을 먹었던 분일 수도 있고요.

그런데 문제는 너무 타인의 요구에 맞춰 살다 보면 나도 모르게 내 안의 욕망이나 감정에 소홀해진다는 점입니다. 내가 지금 느끼고 있는 것들을 소중히 여기지 않고 소외시키고 무시하니 어른이 돼서도 내가 정말로 뭘 하고 싶은지, 내가 대체 누구인지 잘 몰라요. 더불어 부당한 대우를 받거나 나를 힘들게 하는 사람을 만났을 때도 자신이 느끼는 분노와 억울한 감정을 제대로 표출하지 못하니 상대를 향했어야 할 정당한 분노가 내면에 갇혀 본인 스스로를 공격하게 됩니다. '나는 왜 이렇게 화도 제대로 못 내는, 말도 제대로 못 하는 바보 멍청이일까?' 하고 말이지요.

우선 이 점을 꼭 기억해주세요. 지금 내가 느끼는 감정은 무시당해도 되는 하찮은 것들이 아니라 나에게 관심받아야 할 아주 소중한 것들이라는 사실을요. 또한 내가 억압하고 무시한다고 해서 내 안의 감정들이 쉽게 사라지지는 않는다는 것을요. 많은 심리적 문제는 억압이 습관화되면서 그 억압된 감정의 에너지가 건강하게 마음 밖으로 흐를 수 있는 길을 찾지 못해서 생겨요. 물도 흐르지 못하고 한곳에 고이면 썩는 것처럼 감정도 그렇게 되는 것이지요.

지금이라도 늦지 않았습니다. 이제부터는 남들이 나에게 하는 기대를 따르기 이전에 내 안에서 무엇을 원하는지 그 내면의 소리를 들어보세요. 사람들로부터 이거 해달라, 저거 해달라는 요구가 있어도 내가 정말로 하기 싫다는 감정이 올라오면 그것을 해주며 감당이 안 될 정도로 나를 소진시키지 마세요. 그리고 내가 지금 느끼는 감정을 상대가 이해할 수 있도록 표현해보는 노력을 해보세요. 혹시 내 감정을 있는 그대로 표현하면 상대가 나를 싫어하지 않을까, 관계가 이상해지지 않을까 미리 걱정하지 마세요. 상대는 내가 그런 느낌인지 모르기 때문에 그런 식으로 요구했을 수 있습니다.

남들이 다 짜장면 먹겠다고 해도 내가 볶음밥 먹고 싶으면 "나는 볶음밥 먹을래요."라고 당당하게 말해도 괜찮아요. 우리에겐 다른 사람에게 좋은 사람이 되는 것도 좋지만, 그 이전에 나를 먼저 아껴줘야 할 의무 또한 있습니다.

Happy. oil on canvas, 116.8×80.3, 2009

원하는 것을 힘겨워하지 않고 잘 말할 줄 아는 것은
운전면허만큼이나 우리 삶에 필요한 기술 같아요.
그 기술이 없으면, 불만을 계속해서 쌓아두다가
화산처럼 폭발하면서 관계를 하나, 둘, 청산하게 돼요.

다른 사람을 위해 언제까지 나만 이렇게
혼자 도와야 하나, 하는 서운한 마음이 드세요?
그러면 속으로 삭이지만 말고 말씀하세요.
"나 혼자 하면 힘드니까 같이 좀 도와줄래?"라고요.
그때그때 감정을 조금씩 표현하다 보면, 그것도 늘더라고요.

상대가 뭔가를 부탁해왔을 때 우리에겐
"미안하지만, 그건 좀 어려워."라는 선택이 있다는 점을
잊지 마세요. 내가 많이 힘들어지면서까지
무리한 부탁을 꼭 들어줘야 할 의무는 없어요.
만약에 그 부탁 안 들어줘서 멀어질 인연이었다면
애초부터 그리 좋은 인연은 아니었어요.

비행기를 타면 비상시 산소호흡기를
먼저 보호자가 낀 다음에 아이에게 껴주라고 합니다.
마찬가지로 우선 나를 돌보는 것은
결코 이기적인 행동이 아니에요.
내가 행복해야 내 주변 사람도 행복하게 할 수 있으니까요.

내가 먼저 나를 아껴줄 때
세상도 나를 귀하게 여기기 시작합니다.

나 자신에게도 좋은 사람이 되세요.
사랑하면 그 사람하고만 시간을 보내고 싶듯
오늘은 사랑하는 '나'하고만 한번 시간을 보내보세요.
맛있는 것도 사주고, 좋은 영화도 보여주고,
경치 좋은 곳으로 데려도 가주고 해보세요.
사랑하는 사람에게 공들이듯 나에게도 공들여보세요.

●

사랑하는 여러분.

스스로 부족하다고 느끼는 그 부분이 있기 때문에

타인을 좀 더 이해하게 되고,

또 그 부분 때문에 더 부단히 노력해

결국 성공하게 될 것입니다.

우리, 내 부족한 부분을 원망만 하지 말고

고마움의 눈길로 한번 바라봐주세요.

●

나에게 흠이 좀 있어도 괜찮아요.

어떻게 우리 삶이 학처럼 하�–고 깨끗할 수만 있을까요?

살다 보면 몸과 마음, 관계에서 흠집이 날 수 있어요.

흠이 생길까 두려워 아무것도 하지 않아 결점 없는 삶보다는

실패와 상처 속에서 성장하는 삶을 택하세요.

그리고 분투하고 있는 내 삶에게

“난, 너 무지무지 사랑한다.”라고 큰 소리로 외쳐주세요.

사람들에게는 남들에게 쉽게 이야기할 수 없는
마음속의 짐이 하나씩은 있습니다.
가족사의 아픔, 숨어 있는 열등감, 밝힐 수 없는 병이나
관계에서의 상처, 피할 수 없는 책임 중
하나쯤은 다들 안고 사는 것 같아요.
하지만 그 짐의 무게 덕분에 경거망동하지 않고 겸손하며
남을 이해하고 곱으로 더 열심히 살려고 하는 것 같습니다.
사람은 그냥 겉으로 보이는 것이 절대로 다가 아니에요.

SNS상에 올라온 친구의 즐거운 모습을 보고
부러웠던 적이 있지요?
그런데 너무 부러워하지는 마세요.
우리의 흔한 실수 중에 하나가
친구의 겉모습과 내 속모습을 비교하는 것이에요.
사실 친구의 행복하지 않은 내면의 모습은 잘 모르잖아요?
친구도 내 겉모습만 보고 나를 많이 부러워할 수도 있어요.

나보다 더 잘난 사촌 때문에 열등감 느끼신 적 있으신가요?
나보다 공부도 잘하고, 더 좋은 학교, 직장을 다니는 사촌이요.
그런데요, 우리 삶은 무덤에 가봐야 비로소 안다는 말이 있어요.
지금은 공부, 학교, 직장이 부러움의 대상일지 몰라도
나이가 들면 들수록 그런 것들은 큰 의미가 없어집니다.
자기 삶을 본인이 만족하며 살면 그 사람이 결국은 승자 같아요.

열등한 부분 때문에 사람들이 매력이 없다고 느끼는 것이 아니라,
열등하다고 생각하고 본인이 부끄러워하기 때문에
매력이 없어 보여요. 내 스스로가 당당하고 편하면
열등한 부분이 크게 문제 되지 않아요. 당당함이 바로 매력입니다.

"꼭 최고가 아니어도 괜찮아. 이류면 어떻고 삼류면 좀 어때?
나는 노력하는 내가 좋아. 나는 나를 더 사랑해줄 거야."
이렇게 다짐하세요.

나를 비난하는 사람들의 말에 자꾸 신경을 쓰면
점점 아무것도 할 수 없게 내가 쪼그라들어요.
그것이야말로 그들이 나에게 원했던 결과이지요.
비난하는 사람들에게 내 운명의 열쇠를 주지 마세요.
그 사람들의 소리가 들릴 때마다 나도 크게 외치세요.
"누가 옳은지 봐라! 나는 당신 덕에 더 노력할 거다!"

"나를 모르는 다른 사람들의 쉬운 비난 때문에
왜 내 삶이 망가져야 되지?"
–홍석천

남들이 나에 대해 한 이야기가 머릿속에 떠올랐을 때
그 이야기를 내가 믿어버리면
그 순간부터 나를 지배하기 시작합니다.
내 머릿속에서 떠올랐다고 그 생각이 다 진실은 아니에요.
원래 내 생각도 아니었는데, 그 사실을 잊고 지배당하지 마세요.

내 마음 안에서 "너는 원래 그림을 그릴 줄 모르잖아."라는
소리가 들려오면 그럴수록 그림을 꼭 그리세요.
그러면 그 소리가 일시에 고요해집니다.
–빈센트 반 고흐

우리는 무엇을 잘했기 때문에 사랑받을 만한 것이 아닙니다.
존재하는 것, 그 자체가 사랑받을 만한 것입니다.
스스로를 아끼고 사랑해주세요.
좀 부족해도, 좀 실수해도 괜찮아요.
세상이 요구하는 완벽함을 갖추지 않아도
우리 존재는 이미 가치가 있고 사랑받을 만합니다.

인도에 가면 사람들이 인사를 할 때
"나마스테."라고 합니다.
그런데 '나마스테'에는 심오하고도 아름다운 뜻이 있어요.
그 뜻은 바로,
"내 안에 깃든 성스러운 신성이
당신 안에 깃든 성스러운 신성께 경배합니다."

우리는 자신이 생각하는 것보다
훨씬 위대하고 성스러운 존재들입니다.

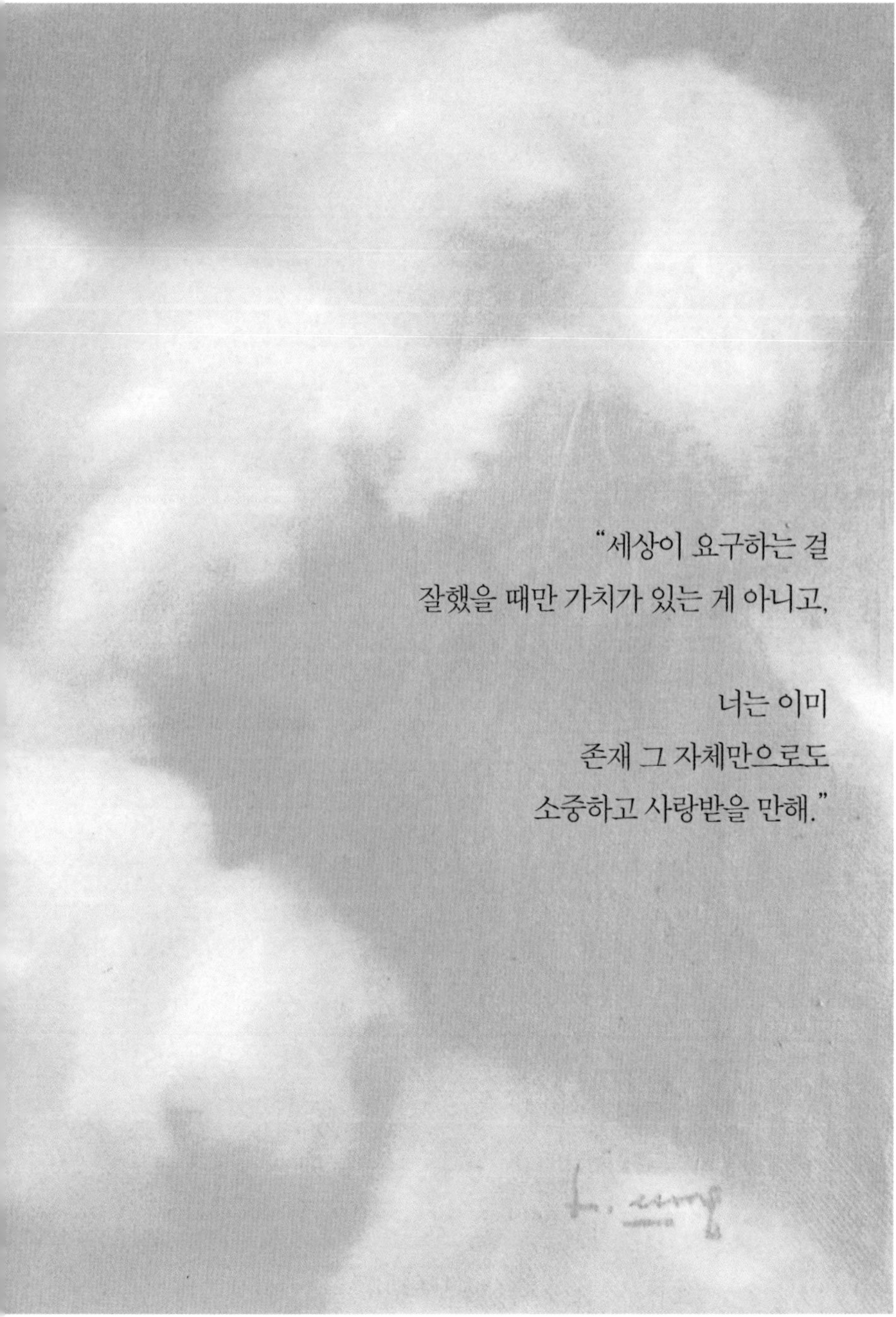

"세상이 요구하는 걸
잘했을 때만 가치가 있는 게 아니고,

너는 이미
존재 그 자체만으로도
소중하고 사랑받을 만해."

소풍, oil on canvas, 45.5×37.9, 2009

너의 존재만으로도 이미 충분해

호주와 뉴질랜드 교민을 위한 법문 요청이 있어 난생처음 적도를 넘었다. 1년 전부터 했던 약속인지라 먼 거리였지만 꼭 가야 했다. 그리고 나에게 이번 여행은 또 다른 약속 하나를 지키는 일이기도 했다. 대학원 시절 가장 친했던 친구를 방문하는 일이었다. 미국 대학원에서 함께 공부한 그 친구는 학위를 마친 후 호주에서 교수로 생활하고 있었고, 그 친구에게 호주로 꼭 한번 만나러 가겠다고 약속한 지가 벌써 10년이 넘었다. 연말이 되면 어김없이 도착하는 친구의 크리스마스카드를 볼 때마다 지키지 못한 친구와의 약속이 떠올랐는데 이번에 그 약속을 지킬 수 있게 되었으니 자못 기대가 되었다.

적도를 넘고 보니 한국과는 날씨가 정반대였다. 법회가 있던 날의 기온이 35도까지 올랐다. 그리고 남반구에선 해가 잘 드는 집을 고를 때 우리와는 다르게 남향이 아닌 북향인 집을 구해야 한다는 것을 배웠다. 또한 주로 남쪽이 아닌 북쪽으로 강이 흐르고 밤하늘에는 북두칠성이 아닌 남십자성이 빛나고 있었다. 내가 살던 곳과는 정반대로 달랐지만 법회를 찾은 교민들의 마음은 외국이라고 해서 크게 다르지 않은 듯했다. 고되고 외로운 이민자들의 삶을 잘 알기에 잠시나마 위안의 말을 건넬 수 있어 마음이 뿌듯했다.

약속한 법회들을 모두 마치고 마침내 호주 친구네 집으로 향했다. 대문의 벨을 누르자 친구가 활짝 웃으며 문을 열고 반겨주었다. 마치 이산가족을 만난 듯 누가 먼저랄 것도 없이 서로를 얼싸안고 두 손을 꽉 잡았다. 10년이란 세월이 흘렀지만 머리숱이 조금 줄어들고 몸무게가 살짝 늘어난 것 빼고는 똑같아 보였다. 여전히 활달하고 마음 따뜻한 친구였고 친구 부인인 제인과도 대학원 때부터 잘 알던 사이라 마음이 편했다.

저녁 식사 후 해가 저무는 테라스에 앉아 차를 마시며 어떻게 우리가 벌써 중년이 되었느냐고 한바탕 크게 웃었다. 마음은 아직도 학생 같은데 마흔을 훌쩍 넘긴 중년이 되어버렸다는 사실이 믿기지 않았다. 오랜 친구가 그렇듯 우리는 마음속을 무장해제하고 서로의 속내를 털어놓았다. 만들어진 모습을 보일 필요가 없는 오랜 친구, 있는 그대로의 모습을 받아주고 내 편이 되어주는 친한 친구. 내게 그런 존재인 그는 지난 10년간의 이야기를 하나씩 풀어가다 최근에 생긴 걱정거리 한 가지를 들려주었다.

그의 걱정은 다름 아닌 일을 하고 있지 않으면 마음이 불안해진다는 것이었다. 예전부터 이런 불안증세가 있어 몸과 마음이 지쳐갔는데 최근에는 더 심해진 모양이었다. 부인인 제인은 이러다 남편 몸이 크게 상하지 않을까 걱정된다고 말했다. 일중독에 걸린 사람처럼 컴퓨터 앞에서 매일 밤 12시가 넘도록 일만 하고, 잠도 깊이 들지 못하고, 항상 바쁘다는 것이다. 물론 열심히 일한 덕분에 학계에서도 인정받고, 교수 승진도 누구보다 빨랐지만 일을 멈출 수가 없을뿐더러, 일이 없으면 계속해서 마음이 불안하다고 했다.

밤이 되니 제법 서늘해졌다. 모기를 피해 집 안으로 들어가 소파에 앉았다. 친구는 조용한 첼로 음악을 틀고는 자신은 차 대신 와인을 한잔하겠다며 잔을 채웠다. 오래전 친구는 내게 자신의 유년 시절이 참으로 힘겨웠다고 말한 적이 있다. 사회적으로 봤을 땐 성공했지만 밖에서 받은 스트레스를 집 안에서 화와 짜증으로 푸는 아버지 때문에 항상 살얼음판을 걷는 기분이었다고 했다. 특히 술을 마실 때면 아버지는 이상한 사람으로 돌변했고, 가끔씩 손찌검까지 하셨다 했다. 어머니는 그런 아버지를 피해 집을 떠나 있곤 했고, 어머니의 부재로 인해 친구는 장남으로서 여러 동생을 돌봐야 했다. 아버지가 언제 또 폭발할지 몰라 늘 전전긍긍하며 두려움에 떨어야 했던 시간이었다.

친구의 어린 시절 상황을 다시 떠올리고 보니 친구의 일중독 현상과 불안증세가 어디서 시작되었는지 조금은 짐작이 되었다. 조금이라도 친구에게 도움이 되고 싶은 마음에 조심스럽게 이야기를 꺼냈다.

"사람마다 상황이 다르기 때문에 단정 짓기는 어렵지만 일중독이 되는 원인 중 하나는 어렸을 때 부모님이 내 존재 자체를 사랑해준다는 느낌보다는, 내가 뭔가를 잘했을 때만 부모님으로부터 인정받는다고 느끼며 자랐던 데 있는 것 같아. 자식에 대한 관심이 없거나 아니면 칭찬에 아주 인색했던 부모님 아래에서 자란 경우에는 특히 더 그런 것 같아. 더군다나 아버지의 주사와 폭력으로 인해 어린 네 마음은 항상 불안했을 것이고, 너를 보호해야 할 엄마마저 집에 없었으니, 얼마나 힘들었겠니. 아마도 아버지가 언제 폭발할지 모르는 상황에서 어린 네가 할 수 있었던 유일한 일은 아버지가 원하는 바를 잘 들어주는 일이었을 거야. 그렇게 자라 성년이 된 지금은 아버지 대신 세상이 나에게 요구하는 것들을 들어주고 있지 않으면 왠지 마음이 불안하고 내 존재는 아무런 의미가 없다고 느껴질 수 있을 거야."

친구는 동의하듯 고개를 끄덕였다. 자신이 느끼는 불안함의 근원을 찾아보려는 듯했다.

"그런데 너는 이미 존재한다는 것 자체만으로도 사랑받을 만한 거야. 세상이 너에게 요구하는 것을 잘했을 때만 가치가 있는 것이 아니고 이미 그전부터 너는 소중한 존재야. 아직도 불안에 떨고 있는 네 안의 내면 아이에게 따뜻한 눈빛을 보내주고 그 아이를 사랑해줘. 엄마도 없이 동생들을 위해 혼자 아버지의 화를 감당해내는 일이 얼마나 힘들었니?"

대화를 나누다 보니 나도 친구도 눈물을 흘리고 있었다. 친구는 눈물로 가득한 눈을 한참 동안 감고 있다 차분히 말했다.

"그렇구나. 불안에 떨고 있는 사랑받지 못한 꼬마아이가 내 안에 있었구나. 그 아이는 어른인 나에게 자기를 버려둔 채 일만 하지 말고 자기에게도 관심을 가져달라고 애원하는 것 같아. 그동안 나는 다른 사람들의 눈치만 봤지 내 안에서 떨고 있는 내면 아이에게는 너무도 무심했구나."

며칠 후 그 집을 떠나면서 친구를 위해 작은 메모를 남겨놓았다.

"넌 내가 대학원에 다닐 때 여러 번의 힘든 고비를 잘 넘길 수 있도록 곁에서 도와준 큰형 같은 존재야. 너의 따뜻한 마음을 생각할 때마다 얼마나 의지가 되고 고마웠는지 몰라. 그러니 제발 꼭 기억해줘. 네가 큰 무언가를 이루지 않아도, 나에겐 너의 존재만으로도 이미 충분해."

삶의 태도. oil on canvas, 33.4×53, 2011

힘들었던 과거가 내 미래를 정의하도록 내버려두지 마세요.
그리하면 우리는 과거의 희생자로서 평생 살아갈 수밖에 없습니다.
내 안에는 아픔 속에서도 싹이 터 새롭게 다시 솟아나려는
변화의 생명력이 자리 잡고 있습니다.
그 생명력을 믿고 힘들었던 과거에 공경의 합장 인사를 올리며
"지금부터는 내가 좀 행복해지려고 합니다." 하고 다짐해주세요.

그 사람이 자기 자신밖에 생각하지 못하는 것은
어쩌면 성장 과정에서 제대로 된 관심과 사랑을
받지 못했기 때문일 수도 있어요.
세상이 차갑고 무의미하게 느껴지기 때문에
자기 자신의 생존을 위해
본인이라도 스스로를 챙겨야 했을 수도 있습니다.
나를 힘들게 하는 이기적인 사람이 주변에 있다면
그 사람의 아픔을 깊숙이 들여다보고 이해해보세요.

우리가 하는 행동들을 자세히 살펴보면 어른이 되어서도
다른 사람들로부터 인정받고 싶어서, 사랑받고 싶어서 하는
행동들이 상당히 많은 부분을 차지합니다.
아이가 잘했을 때만 칭찬해주지 마시고
아이의 존재 자체를 사랑해주세요.
커서 다른 사람의 사랑과 인정에 배고프지 않도록요.

내 아이들 중에 형제나 자매를 질투하는 아이가 있으면
질투하는 그 아이만 데리고 짧게라도 여행을 다녀오세요.
그것이 어려우면 그 아이하고만 온전히 한나절을 보내세요.
맛있는 것도 사주고, 가고 싶다는 놀이동산도 함께 가고요.
어렸을 때 관심을 듬뿍 받지 못하면, 잘못하면 어른이 되어서
애정결핍과 인정욕구가 심해지면서
인간관계에도 큰 문제가 올 수 있어요.

●

살면서 가끔은 나를 위한 소박한 사치를 허락하세요.
식탁에 올려놓을 아름다운 꽃 몇 송이를 사온다든가
커피와 같이 먹을 맛있는 치즈 케이크를 한 조각 산다든가
신고 있으면 기분 좋아지는 두툼한 등산용 양말을 산다든가….
소박한 사치는 삶을 여유롭고 부드럽게 하는 윤활유와 같아요.

●

특별한 날을 위해 아껴두었던
식기세트나 차茶, 와인, 옷, 펜, 이불 등을 쓸 땐 쓰세요.
특별한 순간이 따로 있는 것이 아닙니다.
쓰는 순간, 바로 지금이 특별해집니다.

●

언제 삶이 문득 풍요롭다고 느끼시나요?
저는 혼자 살면서 요리를 해야 할 때가 많다 보니
노란색, 주황색 파프리카를 사서 썰고 있을 때가 그래요.
녹색 피망보다는 비싸서 장바구니에 담았다 뺐다 했던 파프리카를
큰맘 먹고 사서 썰어놓으면 눈부터 행복해집니다.
참고로 파프리카는 비타민 C가 오렌지보다 3배나 더 많다네요.

내가 지금의 내 모습을 좋아하면
내 주변 사람도 다 좋아 보여요.
반대로 나 자신에게 불만이면
주변 사람들에게도 다 불만이에요.
나의 가장 큰 팬이 바로 내가 되시길….

내가 다른 사람에게 사소한 친절을 베풀면
스스로 바라보는 내 모습이 참 좋아 보입니다.
자존감이 낮아 힘들어하시는 분들은
한번 사소한 친절을 베풀어보세요.
내가 좋아지기 시작하면 자존감도 올라가요.

한정판으로 나온 최고급 명품도
똑같은 것이 수십 개씩 만들어져 나옵니다.
그러나 '나'라고 하는 명품은 세상에 단 하나밖에 없어요.
하나뿐인 개성 있는 '나'라는 명품을 아껴주세요.

•

머리로는

너무 그렇게 미워하지 말아라,

나를 위해 그를 용서해라,

친구의 성공을 질투하지 말아라,

이렇게 말하지만 가슴은 머리의 말을 듣지 않을 때가 있지요.

이럴 때 기도하세요. 기도는 이럴 때 필요한 것입니다.

•

우리는 사람을 미워하면서 그리워한다.

미움도 마음에 진한 자국을 남기는 그리움이다.

•

내가 누군가를 미워하고 있으면

정말로 자세히 내 마음을 들여다보세요.

그 이유가 무엇인지.

이처럼 좋은 마음공부의 기회는 없습니다.

우리는 달나라까지 로켓을 보내지만

가장 가까운 내 마음의 모습에는 까막눈입니다.

●

남들의 이야기를 잘 참고해서 듣긴 해야 하지만
결정은 결국 내가 내리는 것이지요. 결정을 내릴 땐,
남 눈치 보지 말고 내 가슴이 하는 이야기를 따르세요.
남 눈치 보며 내린 결정은 나중에 꼭 후회하더라고요.

●

장고 끝에 악수 둔다는 말이 있지요.
무슨 일을 하기 전에 너무 많은 걱정과 생각을 하면
배가 산으로 가요. 내 직관을 믿고 적당한 선에서
느낌대로 밀어붙이는 것도 때론 필요합니다.

중요한 결정을 앞두고 어떻게 해야 할지 모를 때
모든 것을 멈추고 내 가슴이 하는 소리를 들어보세요.
혼자 조용히 공원을 걷거나, 근교로 잠시 여행을 다녀오거나,
믿을 수 있는 친한 친구를 만나 말로 쭉 풀어놓거나 해보세요.
내 가슴은 내 머리보다 훨씬 더 지혜로워
이미 답을 알고 있습니다.

머리로는 예스가 맞는데 왠지 아닌 것 같을 때
바로 답을 하지 말고 잠깐 시간을 주세요.
직감이 이성적 사고보다 더 정확할 때가 많아요.
왜 주저했는지 조금만 시간을 주면 바로 이유를 알게 됩니다.

사람은 누구나 혼자 있는 시간이 필요합니다.
하루 종일 사람들에게 치여 힘들어하다가 집에 돌아와 보니
나를 또 가만히 내버려두지 않는 가족들 때문에 짜증 날 수 있어요.
이럴 때 짜증을 내버린 자신을 너무 탓하지만 말고
혼자 있는 나만의 시간을 가져보세요.
책방이나 커피숍에 가도 좋고, 성당이나 교회, 절에 가도 좋고,
혼자 조용히 산책을 해도 좋습니다.
홀로 있음은 세상을 잠시 멈추게 해주고 나를 정화시켜줍니다.

마치 어머니가 자기 아이의 상처를 바라보듯
지금 내 안에서 느끼는 아픔과 괴로움을
따뜻한 사랑의 눈길로 바라봐주세요.

아픔 속에 빠져 있는 것이 아니라
아픔을 따뜻한 눈길로 바라볼 때
모든 아픔의 바탕에는 사랑이 있음이 느껴져요.
아픈 가운데에서도 사랑이 가슴에서 열릴 때 치유가 일어납니다.

서로를 비추어주는 두 개의 보름달처럼

관계篇

2

세상은 고리처럼 서로서로
연결되어 있어 그중 하나가 아프면
다 같이 아픕니다.
나와 연결된 고리들이
좀 더 편안해지시길.
좀 더 서로를 아껴주시길.

Harmony, oil on canvas, 50×65.2, 2011

선방에서의 작은 깨달음

가을 안거를 시작한 8월 말과는 다르게 봉암사의 9월은 아침 저녁으로 제법 날씨가 쌀쌀하다. 이번 안거 기간에는 보통 때보다 조금 많은 100여 명의 스님들이 모여 수행 정진을 하고 있다. 새벽 3시, 자리에서 일어나 세수를 하고 예불을 올리러 법당으로 향하며 처마 위를 올려다보면 투명한 하늘 위로 별들이 쏟아져 내릴 듯 반짝인다. 희양산의 청량한 기운과 절 주변을 감싸는 맑은 계곡물 소리는 내 마음을 지금 현재 여기에 깨어 있도록 만든다.

이번 산철에 내가 맡은 소임은 간상장이다. 간상看床은 부엌에서 만들어 내준 그날의 여러 음식들을 상에 잘 차려서 전체 대중 스님들이 바루공양 하는 데 차질이 없도록 준비하는 소임이다. 간상을 보는 일곱 명 스님들 중에 어떻게 하다 보니 내가 승려가 된 햇수가 가장 많아 간상장을 맡게 되었다. 다들 성실하고 좋은 분들이라 간상 준비를 해야 하는 시간이 되면 서로서로 화합하는 좋은 분위기 속에서 각자 맡은 일을 충실히 하고 있다.

그런데 하루는 바루공양 상들을 차리느라 한 명 한 명 아주 바쁘게 움직이고 있는데 한 선배 스님께서 갑자기 간상장인 나를 부르시더니 부엌 밖에 있는 계단을 간상 팀에서 나와서 청소하라고 지시하는 것이었다. 그 말을 듣는 순간 나도 모르게 그 일을 왜 간상 팀에게 시키는 건지 의아한 마음이 들었다. 지금 상 준비하는 것도 다들 너무 바쁜데 청소 일까지 시키는 선배 스님이 야속했다. 그리고 자기가 하기 싫은 일은 남들도 하기 싫다는 사실을 분명 아실 텐데 본인이 계단을 다니면서 불편했다면 본인 스스로 치우면 될 것을 왜 바쁜 다른 사람들에게 일을 전가하는 건가 하는 마음이 올라왔다.

그날 간상 소임을 다 마치고, 나는 그 선배 스님처럼 자기가 불편하다고 느끼는 일을 다른 후배 스님에게 떠넘기는 승려가 되지 말자고 생각하며 혼자 조용히 계단을 쓸었다. 그런데 막상 계단을 다 쓰는 데는 사실 10분도 채 걸리지 않았다. 이렇게 간단한 일을 그냥 하면 됐을 것을, 내가 마음속으로 괜한 번뇌를 일으켰다는 생각에 갑자기 부끄러워졌다.

사실 우리 마음이 괴로운 것은 주어진 상황보다는 그 상황에 저항하면서 쏟는 생각의 에너지에서 온다. 막상 일 자체는 그렇게 힘들지 않은데, 타인과의 관계 속에서 다른 사람이 마땅히 해야 할 일을 내가 억울하게 하고 있다는 심리적 저항이 종종 일어난다. 그 생각의 무게만큼 마음이 힘들고 스트레스가 쌓인다.

물론 호의를 권리로 알면서 계속해서 그런 행동을 하는 사람이 있다면 대화를 통해 내 입장을 잘 전달해야 한다. 하지만 그것과는 별개로 주어진 상황을 수용하지 못하고 거부를 하면 짜증과 불만이 정비례로 올라오고, 저항이 커질수록 내 마음만 괴롭다는 것 또한 사실이다. 그래서 성철 큰스님 같은 분들은 너무 많은 분별심으로 인해 싫은 것이 너무 많은 상태로 살지 말고 '날마다 좋은 날', 즉 추우면 좀 추운 대로 더우면 좀 더운 대로 자비로운 마음으로 수용하는 법을 터득해서 마음의 자유를 얻으라고 가르치신다.

공양과 관련해 또 다른 작은 깨달음의 에피소드가 있다. 봉암사의 경우 아침, 점심은 바루공양을 하지만 저녁 공양은 약석藥石이라고 해서 적게 드시거나 아예 드시지 않는 스님들이 많다. 그러다 보니 저녁은 바닥에 앉아 바루를 펴고 먹는 공양이 아닌, 식탁 테이블에 앉아 접시에 적은 양을 담아서 먹는 상 공양으로 대치한다. 그런데 저녁 상 공양을 할 때면 승려가 된 순서대로 앉기 때문에 나는 어김없이 무표정한 어느 한 스님과 마주 앉아야 했다. 처음엔 그 스님과 편하고 좋은 관계를 만들어볼 생각으로 몇 가지 질문을 하며 말을 걸었는데 스님은 내 질문에 대해 아주 짧게만 답할 뿐 나와 말을 섞는 것을 싫어하는 눈치였다.

하루 이틀 저녁 공양을 하는 횟수가 많아질수록 무표정한 그 스님과 아무런 말도 없이 서로 마주 보며 저녁 공양을 하는 것이 점점 편치 않아졌다. 혹시 저 스님이 나를 싫어하는 건 아닌지, 나에 대해 기분 나쁘게 생각하는 뭔가가 있는 건 아닌지 괜히 좀 신경이 쓰였다. 그런데 무표정의 말 없는 스님과 저녁 공양을 한 지 보름 정도가 지났을 무렵 내 안에서 '아차' 하는 깨달음이 엉뚱하게도 도서관에서 일어났다.

봉암사 내에 있는 도서관은 생긴 지 얼마 안 돼서 그런지 그곳을 찾는 스님은 산철안거 기간 동안 나와 또 다른 스님 한 분밖에 없었다. 그런데 가만히 보니 보름 동안 도서관 안에서 넓은 책상을 함께 나누어 쓰면서도 그 스님과 나는 단 한 번의 대화나 관심의 눈빛도 나누지 않고 있었던 것이다.

그 점을 깨닫는 순간, 매일 저녁 무표정으로 말없이 내 앞에 앉아 공양을 하는 그 스님의 모습이나 도서관에서 무표정하게 앉아 있는 내 모습이나 하나 다르지 않아 보였다. 그렇다고 내가 무슨 감정이나 선입견이 있어 도서관의 그 스님에게 그렇게 무관심하고 무표정한 모습을 보인 것은 또 아니었다. 그저 지금 보는《원각경》이라는 부처님 경전에 마음이 온통 열중하고 있었을 뿐이었다. 다시 말하면, 내게는 그 스님에 대해 좋다 나쁘다 하는 생각 자체가 아예 없었던 것이다. 그렇다면 내 앞에서 저녁을 먹는 그 스님도 나에 대해 별생각이 없었던 것은 아닐까?

안거가 시작된 지 3주쯤 지났을까. 저녁 공양 때마다 마주 앉게 되는 그 스님과 아주 우연히 차를 함께 마실 기회가 생겼다. 본인이 깎은 사과 한 조각을 내 앞에 놓아주며 편안한 얼굴로 말을 건네는 그 스님을 보면서 다시 한 번 깨달았다. 우리는 상대가 별생각 없이 한 행동을 가지고 자기 스스로 온갖 추측과 부정적인 상상을 한 후 '저 사람은 나에 대해 이렇게 생각할 거야.'라고 지레짐작한다. 그 지레짐작이 본인의 불안한 심리상태를 상대에게 투사해놓은 것에 불과한데도 '실제로 그럴 것이다.'라고 굳게 믿고 상대를 싫어하고 미워하는 마음까지 연습한다. 물론 상대는 그런 생각 자체를 전혀 하고 있지 않은 경우가 많은데도 말이다.

공양 후 설거지와 뒷정리를 모두 마치고 간상을 보는 스님들과 함께 계곡을 따라 아름드리 소나무들이 만들어준 멋있는 산길을 포행한다. 수행의 길을 도반들과 함께할 수 있다는 것은 참으로 든든하고도 감사한 일이다. 쌀쌀한 새벽과는 달리 낮 시간은 아직도 여름 같다.

선물. oil on canvas, 50×60.6, 2015

친구나 가족, 룸메이트와 함께 사는 거,
도 닦는 수행과도 같아요.
내가 하고 싶은 대로만 하지 않고
다른 사람 마음에 맞게 포기하고 절제하고 배려하는 것,
그게 수행이에요.
나와 다른 방식으로 사는 사람을 비난하지 않고
이해하고 받아들이려 노력하는 것,
그게 또 수행입니다.

상대는 그렇게까지 생각하지 않는데
나에 대한 상대방의 마음을 최악의 경우로 지레짐작한 후
내가 먼저 그와의 관계를 깨뜨리는 경우가 있지요.
그럴 때 잠시 멈추세요.
마지막 말을 하고 깨뜨리려는 그 충동을 참으세요.
나중에 '내가 그때 그냥 가만히 있을걸.' 하고
후회하는 경우가 많습니다.

우리는 모두 어딘가에 속하길 바랍니다.
왜냐하면 나를 걱정해주고 관심 가져주는 사람들로 인해
존재의 의미와 행복을 느끼기 때문입니다.
그러고 보면 우리 모두는 서로를 필요로 하는
연약한 존재들입니다.

끌리는 사람일수록 그 사람을 소유하려 하지 말고
같이 있는 그 시간을 즐겁게 보내려고 해봐요.
그래야 다음번에도 만날 수 있어요.
잡으려 하지 않고 바라는 것 없이 그냥 서로 즐거울 때
그 인연은 계속됩니다.

좋아하는 감정의 수위가 비슷하거나 살짝 차이가 나는 것이 좋아요.
한쪽이 너무 빨리 과도하게 좋아하면
부담되거나 무섭거나 귀찮아지거나 합니다.

•

첫인상은 참 좋았는데 얼마 지나지 않아
그 사람과의 관계가 나빠지는 경우가 있지요.
그런 경우, 처음에 그 사람을 있는 그대로 본 것이 아닌
그 사람에게 투사한 내 기대와 환상의 모습을 본 것이기 때문입니다.

•

너무 갑자기 친해지는 친구가 있다면, 조심하세요.
잘못하면 꼭 그런 친구와 적이 됩니다.
너무 친해서 못 할 말도 다 하는 그런 사이는 거꾸로 말하면
쉽게 서로에게 큰 상처를 줄 수도 있는 사이입니다.

•

급속도로 친해져서 갑자기 많은 시간을 같이 보내다 보면
어느 순간부터 그 사람한테 구속받는다는 느낌이나
나를 너무 함부로 대한다는 느낌 때문에
또 갑자기 싫어질 수 있어요.
신뢰를 쌓고 정이 드는 데는 시간이 걸려요.
약간의 아쉬움이 있어야 다음 만남이 기다려지는 법이지요.

●

인연이면 만나지겠지 하면서 노력은 하지 않고
툭하면 '외롭다, 외롭다…' 하시는 분들.
프랑스 영화 〈아멜리에〉처럼
내 인연의 주인공이 어느 날 갑자기 나타나
내 문을 똑똑똑 두드려주지 않아요.
하늘이 점지한 대통령감이라도
본인이 선거운동을 하지 않으면 안 되듯
내가 직접 뛰지 않으면 좋은 인연도 절대 생기지 않아요.

●

나는 그 사람이 좋았는데 그 사람은 나를 좋아하지 않고,
그 사람은 나를 좋아하는데 나는 그 사람이 별로고,
그 사람과 나는 서로 좋은데 이번엔 주위 사람들이 말리고….
누군가와 연인이 된다는 것, 분명 쉽지 않아요.
하지만 포기하지 않고 노력하다 보면
딱 맞는 시절 인연이 찾아와요.

“스님, 드디어 알았어요.
맞선에 성공할 확률은 10 대 1 정도라는 사실을요.
한 10명 정도를 만나야
그쪽도 나를 좋아하고
나도 그쪽을 좋아하는 인연이 나타나더라고요.”

내 운명이 정해놓은 그 사람은 사실 없습니다.
그 사람과 정을 붙이며 오랜 시간을 같이 지내다 보면
그 사람이 내 운명의 그 사람이 되는 것입니다.

사랑하는 사람이 있다면
오늘 저녁에 이렇게 속삭이세요.
나는 당신을 나보다 더 사랑하고,
어제보다 더 사랑한다고요.
매일 아침 당신이 내 마음의 출발지라고요.

약속을 일주일 혹은 한 달 후로 잡은 뒤 '드디어' 만나게 되면
기다리는 시간이 길었던 만큼 만남이 아주 소중하게 느껴집니다.
즉각 즉각 이루어지는 세상의 속도 속에서
잠시 기다림으로 만남을 손꼽는다면,
그 사람과 그 순간이 아주 특별해져요.

누군가를 정말로 좋아하면 시간 없다는 핑계를 대지 않아요.
좋아하면 시간이 없는 가운데에서도 시간을 만들어냅니다.
계속 핑계를 대거나 설명을 하거든, 바로 알아차리세요.
나에게 그다지 관심이 없구나….

그 사람을 만나면 자주 서운하고 잘 삐치세요?
그 이유가 대체 무엇일까요?
내성적인 성격도 성격이지만, 그 근본은
내가 그 사람을 더 많이 생각하고 더 많이 좋아해서가 아닌지요.
이런 경우에는 자기 일 열심히 하면서 초연하게 거리를 두세요.
인연이면, 다가옵니다.

•

나를 별로라고 생각하는 사람에게 집착해서
어떻게든 그 사람의 마음을 바꿔보겠다는 것처럼
어리석은 일이 없어요.
놓아주세요.
그러면 또 다른 새로운 인연이 어느 순간 만들어져요.

•

그 사람과의 이별, 마음 많이 아프셨죠?
그런데 가만히 살펴보면 솔직히 그전부터 나는 알고 있었어요.
나와 원래 잘 맞지 않는 사람이었다는 사실을….

●

기대가 크면 클수록 인간관계는 어긋날 수 있어요.
인간관계가 힘들다고 느낄 때 자세히 보세요.
내가, 혹은 상대가
너무 많은 기대를 해서 그런 건 아닌지….

●

해주고 나서 "왜 내가 해준 만큼 너는 안 해주냐?" 하고
서운해할 것이라면 애초부터 해주지 마세요. 아니면,
해주고 나서 상대에게 아무런 기대를 하지 않을 정도만 해주세요.
바라는 것이 느껴지면 관계는 불편해지기 시작합니다.

●

우리는 가족과 친구들에게 과도하게 의지하고 챙겨주고,
또 그래서 상처를 받습니다.
너무 많은 요구를 하고 너무 많은 요구를 받아
결국에는 서로가 감당이 안 되는 채무관계처럼 돼버립니다.
그래서 관계는 난로를 다루듯 해야 합니다.
너무 뜨겁게 가까이 다가오면 한 걸음만 뒷걸음하세요.

●

집착은 꼭 사랑처럼 느껴져요. 하지만 분명 사랑은 아니에요.
왜냐하면 집착에는 사랑과 달리 내가 상대를 내 마음대로
조종하고 싶어 하는 미묘한 이기심이 들어 있기 때문입니다.
그래서 집착은 대가를 바라는 마음이 느껴져
끝에 가선 꼭 불편해져요.

●

관계에서 문제가 생겼을 때 참지만 말고
상대가 나와 다를 수 있다는 점을 인정하고 허락해주세요.
참는다는 것은 내가 옳다는 것에 집착하면서
내가 원하는 대로 못 하니까 화가 나 있는 상태입니다.
한집안에서 자란 형제도 각기 다른 관점과 습관이 있어요.
나에게 맞추라고만 하지 말고 다름을 허락해주세요.

●

처음에는 나와 다른 점이 좋아서 좋아했는데
지금은 나와 다른 점들이 나를 힘들게 하지요?

●

처음엔 너무도 좋아했던 사람을
지금은 아주 미워하는 마음을 보게 되면요,
바로 깨달으세요.
사랑이 얼마나 무상한가를.
마음이란 놈이 얼마나 간사한가를.
좋아하는 감정에 얼마나 많은 조건들이 덕지덕지 붙어 있는가를.

●

마음 설레는 사랑이 왔을 때
미움과 질투, 그리움과 아쉬움, 심지어는 증오와 비참함도
한배를 타고 오는 승객이라는 사실을 기억하세요.

●

상대가 나를 만나기 전에 함께했던 다른 연인들에 대해
어떤 식으로 말하는가는
나와의 인연이 조금이라도 어긋났을 때
다른 사람들에게 나에 대해 어떤 식으로 말할지 알려주는
척도가 됩니다.

선물. oil on canvas, 45.5×45.5, 2013

세상에서 나의 반쪽을 찾아 내 부족한 면을 상대가 채워주기를 기대하지 마세요. 건강한 연인관계는 내가 반달이 아닌 이미 온전한 보름달과 같이 홀로 섰을 때, 나와 비슷한 또 다른 보름달과 같은 온전한 사람을 만나 이루어집니다.

둘이 만나 억지로 서로에게 맞추면서 어떻게든 하나로 만들어보려는 것이 아니고, 밝고 건강한 보름달 두 개가 하늘에 떠 서로의 개성과 관심을 존중해주면서 서로의 모습을 밝게 비추어주는 관계를 이루세요.

서운한 감정 다루기

살면서 가장 힘든 것이 무엇이냐는 물음에 의외로 '인간관계'라고 대답하는 분들이 참 많습니다. 관계는 나 혼자 잘한다고 해서 유지되는 것도 아니고, 제3의 외적 요인에 의해 깨지기도 쉽기 때문에 관계를 잘 맺는다는 것이 어려운 것 같아요. 하지만 제 경험을 돌이켜보면 오랫동안 좋았던 인간관계도 처음 금이 가기 시작하는 것은 종종 '서운하다'는 마음이 나도 모르게 상대를 향해 불쑥 올라올 때부터인 것 같습니다. 즉, 서운한 마음은 잘못하면 그 사람과의 관계가 어긋날 수도 있음을 알려주는 일종의 초기 경보등 역할을 하지요.

그런데 다른 감정과는 달리 서운한 마음은 참 오묘해서 내가 그것을 표현하자니 너무도 구차해 보이고, 그렇다고 말하지 않고 가만히 있자니 계속해서 쌓이기만 하고, 그래서 이러지도 저러지도 못하게 만드는 힘든 감정 같아요. 차라리 억울하면 억울하다고 이야기라도 할 수 있고, 슬프면 슬프니까 울면 되는데 서운한 감정은 마음에 담아만 둘 뿐 어떻게 다루어야 할지 여간 어려운 것이 아닙니다.

서운한 감정과 관련해서 재미있는 사실 한 가지를 발견했어요. 영어권에 살면서 느낀 점이 한 가지 있는데, 모국어가 영어인 사람들은 "나, 너한테 좀 서운해."라는 식의 표현을 잘 쓰지 않는 것 같아요. "너 때문에 상처받았어hurt, 슬퍼sad, 후회돼regret, 화가 나mad." 같은 식의 유사 표현들은 자주 들을 수 있지만 "나, 너한테 좀 서운해."라는 뉘앙스에 딱 맞는 표현은 아직까지 들어본 적이 없어요. 왜 그런가 생각해보니 '서운하다'라는 우리말의 의미가 조금 특별해요. '서운하다'라는 말은 내가 마음속으로 상대에게 어떤 기대를 했는데 상대가 그것을 알아채지 못하고 내 기대를 저버리거나 무시할 때 내가 느끼는 감정입니다. 즉, '내가 굳이 내 입으로 말해야 알아듣겠니? 네가 내 표정이나 상황을 보고 내가 무엇을 원하는지 좀 맞춰줘야지 왜 그걸 못해?'가 바로 '서운하다'입니다.

언어학자들에 따르면 영어나 독일어와는 다르게 우리나라 말은 대화를 할 때 '비언어적 의사소통'을 많이 한다고 합니다. 쉽게 말해, 우리나라 사람들은 '말'뿐 아니라 전후 상황을 염두에 둔 얼굴 표정이나 몸짓, 억양이나 목소리 크기, 그 사람과의 거리나 시선 등으로도 의사 표현을 많이 한다는 것입니다. 말도 직접적인 표현보다는 완곡한 표현을 많이 써서 영어로 대화할 때보다 우리나라 말은 눈치가 빨라야 원만한 의사소통이 가능하다는 이야기지요. 서양에서 자란 아이들은 어렸을 때부터 본인이 원하는 것이 있으면 이것을 표정으로 말하지 말고 말로 이야기하라고 부모가 가르치는 반면, 우리는 어른이 말하는데 말대답을 한다고 혼나면서 자라지요. 그러다 보니 내가 원하는 것을 말로 정확하게 표현하는 기술이 서양인들에 비해 좀 부족한 것이 사실이에요.

그렇다면 요즘 사람들은 어떤 상황에서 서운함을 느끼는지 살펴볼까요. 저에게 상담을 요청해오는 분들과 이야기를 하다 보면, 부모님이 다른 형제자매에게 해준 것에 비해 내게 좀 무관심하다고 느낄 때나 내가 차별받는다고 느낄 때 서운함이 확 올라온다고 해요. 반대로 가족을 위해 인생을 다 바쳐 일했는데 어느 순간 아내와 아이들로부터 왕따를 당하고 있다고 느껴져 서운해하는 아버지들도 많습니다. 부인의 입장에서는 남편이 시댁식구와의 갈등에서 자신의 편을 들지 않아 서운한 경우도 있고, 연애를 하는 젊은 남녀의 경우에는 초기에 보여줬던 배려는 온데간데없고 묻는 말에 대답조차 건성인 상대에게 서운해지지요. 회사에서는 내가 야근하며 만든 프로젝트를 자기 것처럼 올리는 상사, 나를 존중하지 않는 동료나 후배에게 서운함을 느끼지요.

그런데 제아무리 눈치가 빠른 사람이라 할지라도 상대가 말을 하지 않았는데 그가 진짜로 무엇을 원하는지 그것을 매번 읽어내는 건 정말로 어려운 일 같아요. 상대방의 마음을 읽을 수 있는 타심통他心通의 신통력이 생긴 것도 아닌데 어떻게 상대가 무슨 생각을 하고 있는지 항상 알아채고 맞춰줄 수가 있을까요? 그러니 어떤 식으로라도 서운한 마음이 올라왔을 때는 왜 내 마음을 못 알아주느냐고 속으로만 속상해하지 말고 일단 대화를 통해 그 마음을 풀도록 해야 합니다.

대화를 통해 푸는 방법은 서운한 마음이 올라왔을 때 쌓아두는 것이 아니고 그런 감정이 올라온 지 얼마 되지 않은 초기에 바로 표현하는 것입니다. 그걸 어떻게 말로 하느냐고 힘들어할 수도 있겠지만 서운함은 잘만 표현하면 문제가 되지 않습니다. 왜냐하면 우리가 다른 사람을 일부러 서운하게 하려고 의도적으로 계획해서 서운하게 만드는 경우는 거의 없기 때문입니다. 그걸 표현하지 못하면 감정의 응어리가 단단해지면서 서운했던 것이 '꽁'한 감정으로 변해버립니다. 그런 상태까지 끌고 와서 뒤늦게 표현하려고 하면 눌러놓았던 감정이 폭발하면서 상대를 향해 본인도 모르게 퍼붓게 됩니다. 그러니 필시 초기에 올라온 그 느낌을 놓치지 말고 잘 표현해야 합니다.

단, 표현할 때는 절대로 상대방을 비난하거나 공격하는 투로 이야기하면 안 됩니다. 또한 본인이 화가 나 있을 때 서운함을 표현해도 안 됩니다. 마음이 흥분하지 않고 차분할 때 내가 지금 느끼는 상태만을 묘사하는 것입니다. 처음엔 멋쩍을 수 있어도 조금씩 연습하다 보면 내 곁의 소중한 사람들과의 관계를 무너뜨리지 않고, 또한 내 감정을 누르지 않고도 말할 수 있습니다. 예를 들어 부드러운 말투로 "나 살짝 좀 서운한 마음이 드는데?"라고 말입니다.

마지막으로 나도 모르게 자꾸 서운한 마음이 다른 사람들에 비해 많이 올라온다고 느끼면 스스로를 좀 더 깊게 성찰해보면 좋겠습니다. 서운함은 남에게 무언가를 기대하는 마음이 작게라도 있을 때 생기는 것 같습니다. 왜 나는 자립심 없이 자꾸 상대에게 기대려고만 하는지, 왜 항상 받으려고만 하는지 살펴볼 필요가 있습니다. 혹시 나의 성장 배경이나 어떤 트라우마 때문에 그러는지, 아니면 어렸을 때 부모님으로부터 받지 못한 인정과 관심을 남들로부터 자꾸 받고 싶어 그러는 건 아닌지, 나도 미처 몰랐던 어떤 상처 때문에 남들보다 더 쉽게 서운함이 밀려오는 것은 아닌지 깊이 성찰해보세요. 그리고 그런 서운함이 찾아올 때마다 나는 또 예전에 누군가를 이와 비슷한 방식으로 서운하게 한 일은 없는지를 돌아보는 것도 서운한 감정을 다루는 데 도움이 됩니다.

떠나는 즐거움. oil on canvas, 60.6×40.9, 2010

가끔은 내가 느끼는 그대로의 진실을 말하세요.
상대가 처음엔 상처를 받아도
결국엔 고마워합니다.
진실은 말하는 사람과 듣는 사람을
단번에 자유롭게 합니다.

정말로 좋은 친구와 동료는
나에게 무조건 기분 좋은 말만 하는 사람들이 아닙니다.
내가 명백한 실수를 하고 있을 때
실수하고 있다고 가르쳐주는 사람이야말로
좋은 친구, 훌륭한 동료입니다.

내 마음에 딱 맞게 좀 못 맞춰주느냐고 불평하지 마세요.
나에게 맞춰달라는 내 마음의 틀이 더 큰 문제이지 않을까요?
24시간 그 틀에 맞춰줄 사람, 세상 그 어느 성자라도 못해요.

관계에서 생기는 많은 오해와 괴로움은
대화의 부재에서 옵니다.
대화가 끊어지면 서로의 마음에서도 멀어지고
상대의 의도를 오해하거나 쉽게 서운함을 느끼게 됩니다.
특히 가족이나 연인, 친구처럼 친밀한 관계일수록
아무리 화가 나도 대화의 끈을 오랫동안 놓지 마세요.

상대방이 대화를 원하는데 그를 벌하기 위해
대화 자체를 거부하는 경우가 있습니다.
'무시'라는 벌을 주는 것인데,
대화 거부의 기간이 길어질수록
문제의 해결보다는 문제를 키우는 역할을 하게 되지요.
또한 나는 상대를 벌하기 위해 일부러 대화를 하지 않고 있는데
상대는 이걸 전혀 의식하지 못하고 있는 경우도 있어요.
결국 나만 답답해지고 화만 더 나지요.
그냥 그러지 말고 나를 위해서라도 말로 푸세요.

•

돈과 명예와 좋은 직장도 좋지만

나와 내 주변 사람들과의 관계가 좋을 때,

나의 가치를 인정해주고 아껴주는 이들이 많다는 것을 느낄 때,

우리는 더 지극한 행복을 느낍니다.

•

행복은 자기를 잠시 잊고

타인과 깊은 연결감이나 감사함을 느낄 때 찾아옵니다.

반대로 타인에 대한 관심은 없고 오직 자의식으로만 꽉 찼을 땐

우린 단절되고 불안하다고 느낍니다.

•

최근에 고마웠던 지인을 한 명 떠올려보세요.

그리고 지금 바로 감사하다는 이메일이나 문자를 보내보세요.

그 이메일이나 문자를 쓰는 동안 나는 외롭지 않고 행복합니다.

그리고 조금 있으면 저절로 미소가 떠오르는

답신이 곧 도착할 거예요.

새해 달력을 선물받거나 새 다이어리를 사면
친한 주변 사람들의 생일 날짜에 그 사람 이름을 적어보세요.
그리고 생일이 오면 가장 먼저 생일 축하한다는 연락을 해보세요.
진정한 행복의 원천은 바로
끈끈하고도 고마운 사람들과의 관계입니다.

인생이란 거창한 무엇이 따로 있는 게 아닌 것 같아요.
그냥 자주 만나는 사람들이 결국 내 인생의 내용인 것 같아요.
그래서 우리는 곁에 있는 이들을 소중하게 여겨야 해요.
그들이 바로 내 인생의 이야기가 되니까요.

사람은 근본적으로 나를 초월해
세상과 깊이 연결되고 싶어 하는 욕구가 있습니다.
그래서 나누어줄 때 연결감이 증대되면서 행복해지고
놓아줄 때 연결감을 가로막는 장애물이 제거되어
다시 흐르게 됩니다. 행복해지기 위해서는
쌓아두려고만 하지 말고 조금씩 계속해서 순환시키세요.

사람들과의 관계에서 상대보다 우위를 차지하고 싶다면,
간단합니다.
더 많이 베풀면 됩니다.
많이 베풀수록 그의 말을 따르고 좋아할 수밖에 없어요.

인간관계를 원활히 하고 싶으면
계산하는 버릇을 멈추세요.
나는 이만큼 해주었는데
왜 상대는 나에게 그만큼 해주지 않는가 하고 계산하면,
관계에 자꾸 브레이크가 걸려요.

지혜로운 이는 무언가를 부탁하기 전에
먼저 그 사람에게 도움을 줄 것이 없나를 생각해서
상대의 마음을 우선 감동시킵니다.
반대로 어리석은 이는 무턱대고 부탁부터 합니다.
부탁을 하면서 누구를 안다고 하거나, 일의 의무감을 강조하거나,
그도 아니면 무조건 사정만 합니다.

상대가 부탁하지도 않았는데
그의 문제를 해결해준다고 나서지 마세요.
내 의도는 좋을 수 있지만,
상대는 자기에게 묻지도 않고 하는 내 행동이
폭력적이고, 자기 삶의 통제권을 내가 마음대로 빼앗았다고
자존심 상해할 수도 있어요.

가족 안에서 싸움이 일어났을 때
절대로 편을 들지 말고 양쪽 말만 잘 들어주세요.
잘못하면 오히려 문제만 더 키우고
내 의도와 상관없이 크게 상처를 주고받을 수 있어요.

지금 상황이 주변 사람들과의 관계로 인해

스트레스받고 힘들다면

이렇게 스스로를 시각화해보세요.

주변 사람들이 태풍이고, 내가 태풍의 눈이라고요.

태풍에 휘말리지 말고

고요한 태풍의 눈에서 나오는

지혜의 소리를 따르세요.

Harmony, oil on canvas, 150×80, 2013

•

우리가 다른 사람들과 차별을 두면서
다른 사람들보다는 잘났다고 생각하는 이유는
우리 안 어디에 열등감이 아직 자리 잡고 있기 때문입니다.
우월감은 열등감이 있기 때문에 존재해요.

•

살다 보면 내 안의 열등감을 자극하는 사람들을 만날 때가 있지요. 예를 들어, 나보다 학벌 좋은 동료, 집안이 부자인 동서, 조건 좋은 배우자를 만난 친구, 얼굴이나 몸매가 멋있는 사람 등등. 그런데 좀 더 깊숙이 들여다보세요. 그런 조건들만 보면 내가 열등하다고 느낄 수 있지만 좀 더 깊숙이 들여다보면 나보다 좋아 보이는 그 사람도 나에게는 없는 그 사람 나름의 고충이 있습니다. 부러운 점이라고 들여다보면 그 점이 또 그 사람에겐 괴로움입니다.

학력이나 집안이나 외모같이 크고 잘 보이는 것들로는
그 사람의 진정한 속모습이 잘 드러나지 않습니다.
예를 들어, 유머가 있는지, 약속을 잘 지키는지, 잘 베푸는지,
자리를 양보하는지, 아랫사람을 잘 이끌어주는지 등을 알아야
그 사람의 구체적인 삶과 됨됨이를 이해하게 됩니다.
사람 볼 때, 학력, 집안, 외모에 너무 속지 마세요.

처음엔 말로 감동할 수 있지만
행동이 받쳐주지 않으면 오래가지 못합니다.

불행한 사람이란?
자기 눈에 남의 잘못들만 보이는 사람.

●

다른 사람에 관해 하는 이야기를 가만히 들어보면
결국 말하는 본인이 어떤 사람인가를 더 드러내는 경우가 많아요.
왜냐하면 다른 사람의 다양한 면 가운데
내 마음에 딱 걸리는 부분을 이야기하기 때문입니다.

●

한 번도 만나본 적 없는 나에 대해
이럴 거다, 저럴 거다 혼자 상상의 나래를 펼친 후
쉽게 말 만드는 사람을 보면
짧게 한마디 하세요.
"반사!!"

●

모임에 모인 사람들이 다 아는 어떤 사람에 대해
뒷담화를 하려고 하자 어른 스님께서 말씀하셨다.
"이 자리에 없는 사람에 대해 이야기해 뭐합니까?"

"이건 비밀인데…" 하면서 시작하는 이야기는
진짜 비밀이 아니거나 자신의 비밀이 아닌 경우입니다.
내 비밀을 이런 식으로 시작하는 것은
"내가 지금 힘드니까 위로해줘."라는 의도가 있고,
남의 비밀 이야기인 경우에는
폭로의 쾌감을 느끼고 싶어서겠지요.

어떤 친구와 있으면 이상하게 연예인 이야기를 주로 하게 되고,
어떤 친구와는 돈 이야기, 어떤 친구와는 정치 이야기,
또 어떤 친구와는 마음 닦는 이야기를 주로 하게 됩니다.
이것은 나라는 존재가 고정되어 있는 것이 아니라
어떤 인연과의 만남이냐에 따라 순간순간 변하기 때문입니다.
그러니 이왕이면 그 사람과 있을 때
내 모습이 좋게 느껴지는 인연과 더 깊게 교류하세요.

김밥은 라볶이와 함께 먹어야 맛있습니다.
비빔밥과 같이 먹으면 맛없어요.

억울한 일을 당했을 때
한 번은 정확하고 분명하게
그 억울한 부분을 호소하세요.

혹시 다른 사람에게 이런 일이 다시 발생하지 않도록
하기 위해서 말입니다.
그러고 나서 최대한 빨리 그 일을 흘려보내세요.

내가 잊지 못하고 두고두고 억울해하면
다가올 다음 기회를 놓치고 말아요.
인생 전체를 놓고 보면
억울한 일도 있겠지만
반대로 운 좋게 내게 이익이었던 때도
있지 않았나요?

빨리 털어내고 새로운 마음으로
새 기회에 집중하세요.
왜냐하면 그것이 나를 더 위하는 길이니까요.

관계에서의 문제는 일시에 해소되기 어렵습니다.
그 사람이 내 마음에 쏙 들게 변해줄 리도 없고
누적된 서운한 감정들이 돌연 사라질 리도 만무합니다.
오직 우리가 할 수 있는 일은
그 사람이 왜 그렇게 행동할 수밖에 없었는지,
내가 몰랐던 그의 사정을 이해해보는 방법밖에 없는 것 같습니다.
알게 되면, 문제가 사라지지는 않지만
그 문제를 어느 정도 수용하게 되면서
그전보다는 살짝 너그러워진 내 마음을 발견하게 됩니다.

사랑한다면 버텨주세요

공감篇

3

사랑한다면 안아주세요.

성모가 하나뿐인 구세주를 안듯이.

들어주세요.

온 우주에 그 사람밖에 없는 것처럼.

비밀. oil on canvas, 91×60.6, 2012

따뜻한 햇살 같은 포옹

혹시 이런 말 들어보셨나요? 누군가가 나를 아주 따뜻하게 안아주면 내 생명이 하루 더 연장된다는 말이요. 물론 실제로 그런지 아닌지 확인해볼 방법은 없지만 아마도 어떤 의미로 이런 말이 생겼는지 다들 금방 이해할 수 있을 거예요. 살면서 세상에 치여 상처받고 힘들 때 누군가 나에게 왜 힘든지 그 이유를 구구절절 논리적으로 설명해주는 것보다, 그냥 아무 말 없이 다가와 따뜻하게 안아주는 포옹이야말로 더 큰 치유의 효과가 있는 것 같습니다. 너의 아픔을 내가 대신할 순 없겠지만, 그래도 네 편에 서서 이 힘든 순간을 내가 도망가지 않고 함께하겠다는, 몸과 마음으로 할 수 있는 가장 따뜻한 표현이 포옹이지요.

처음 미국에 왔을 때 저는 서양 사람들의 인사 방법에 익숙해지는 데 시간이 많이 걸렸습니다. 머리를 공손히 숙이면서 하는 우리 전통 방식의 인사가 아니고 고개만 살짝 끄덕인 후 "헤이."라고 말하면서 걸어가는 친구 간의 격의 없는 인사, 악수를 하되 그냥 살짝 손만 잡는 것이 아니고 상대방의 눈을 똑바로 바라보면서 미소를 지으며 손을 적당한 세기로 잡는 법 등을 배워야 했습니다. 하지만 여러 인사 방법 중에 저에게 익숙해지는 데 가장 오랜 시간이 걸린 것은 사실 포옹이었습니다. 특히 승려가 되고 난 뒤에는 공손히 두 손을 모으는 합장 인사가 아닌, 두 팔을 쫙 벌리고 누군가를 껴안는다는 것이 왠지 좀 쑥스럽고 어색하고 부담스럽게 느껴졌어요.

그런데 알다시피 인사라는 것이 혼자 하는 것이 아니잖아요. 헤어질 때 상대는 포옹의 제스처를 취하고 있는데 나는 그냥 악수로 대신하자고 손만 달랑 내미는 것도 상대를 당황하게 만들 뿐만 아니라 나와 그 사람 사이의 거리를 의도적으로 그어놓는 듯한 느낌을 주어 다소 무례하게 느껴질 수도 있겠더라고요. 시간이 좀 지나 어느 순간부터는 친한 친구나 동료와 헤어질 때 자연스럽게 포옹을 주고받게 되었는데, 신기하게도 처음의 어색함은 점점 사라지고 그 자리에는 유대감, 친밀감 그리고 따스한 행복으로 채워졌습니다.

최근에 포옹과 관련된 흥미로운 조사 결과들을 알게 되었어요. 바로 포옹이 우리 건강에 상당히 유익하다는 과학적 증명이지요.

호주 시드니 대학의 앤서니 그랜트 심리학 교수는 포옹이 스트레스에 반응하면서 분비되는 코르티솔이라고 하는 호르몬을 낮춰 병균으로부터의 면역성을 강화하고 혈압을 내려주며 심리적 불안이나 외로움을 감소시키는 효과가 있다는 조사 결과를 발표했습니다. 또한 미국 노스캐롤라이나 주립대학의 캐런 그레원 교수에 의하면 아침 출근하기 전에 부부가 20초 정도 따뜻하게 포옹하고 손잡아주면, 그렇게 하지 않은 부부에 비해 스트레스 지수가 절반가량 떨어진다고 합니다. 즉 아침에 잠깐 사랑하는 가족끼리 따스하게 포옹을 나누는 것이야말로 하루 동안 받게 될 스트레스로부터 정신적, 신체적 보호막을 쳐주는 놀라운 작용을 한다는 것입니다.

종교인으로서 저도 종종 그런 보호막을 사람들에게 쳐주어야 할 때가 있어요. 지금도 기억에 남는 분이 계시는데 서울에서 제 책을 읽은 독자와의 만남을 가질 때였습니다. 어떤 여성분이 제 책에 사인을 받는 도중 갑자기 울먹이면서 이렇게 말씀하시는 것이에요.

"스님, 두 달 전에 애들 아빠가 갑자기 교통사고로 세상을 떠났어요. 충격 때문에 지난 두 달간을 집 안에서만 멍하니 보냈어요. 제가 너무 힘들어하니까 동생이 옆에서 안타까웠던지 스님 책을 선물로 주면서 읽어보라고 했는데 첫 장부터 얼마나 울었는지 몰라요. 아이를 둘 키우고 있는데 왠지 스님을 만나 뵈면 마음의 용기를 얻을 것 같아서 아침 일찍부터 기차 타고 지방에서 이렇게 올라왔습니다."

그분의 얼굴을 보니 이미 눈물로 가득했고 목소리는 힘겹게 떨리고 있었습니다. 그 순간, 저도 모르게 자리에서 일어나 그분 앞으로 다가가고 있었습니다. 그러고는 두 팔로 따스하게 한참을 안아드린 후 울고 계신 그분을 향해 이야기했습니다.

"먼저 가신 아이들 아빠를 위해 저도 함께 기도하겠습니다. 아마도 아이들을 돌보며 하루하루 열심히 살아가는 모습을 저세상에서 보고 계실 거예요. 지금은 많이 외롭고 힘들지만 지금의 경험 때문에 훨씬 더 지혜롭고 강한 나로 거듭나실 것입니다. 이제부터 점차 괜찮아지실 것입니다. 너무 걱정 마세요."

흐느끼시는 그분을 안으며 조용히 속으로 다짐했습니다. 내가 비록 많이 부족하지만 사람들에게 작은 위로와 용기를 줄 수 있는 따뜻한 햇살 같은 종교인이 되자고요. 또한 나의 포옹이 필요한 분이라면 언제든지 인색하게 굴지 말고 기꺼이 안아드리자고요. 이 글을 읽으시는 분들도 힘들어하는 가족이나 친구를 종종 따스하게 포옹해주세요. 그로 인해 정말로 생명이 하루 더 연장될지도 모르잖아요.

●

내 안의 상처가 있기에
다른 이들의 상처도 보듬을 수 있습니다.
나도 한때 부족했기에, 그리고 지금도 많이 부족하기에
다른 이들을 용서하고 실수를 품어줄 수 있습니다.
나의 아픔이 다른 이들을 향한 자비심의 씨앗이 되기를….

●

가족이나 친구에게 사랑을 표현하고 싶다면
상대가 하는 말을 진심으로 집중해서 잘 들어주세요.
따뜻한 눈빛으로 상대가 하는 말을 정성껏 들어주면
'나는 존귀한 존재구나', '사랑받는 게 이런 느낌이구나'
하고 알게 됩니다.

●

내가 좋아하는 사람의 사진만 봐도
타이레놀 먹은 것과 같은 진통 효과가 있다고 합니다.
또한 남을 돕는 어떤 사람의 모습을 보게 되면
마치 내가 직접 돕는 것처럼 행복 호르몬이 내 몸 안에도 돈다고 해요.
우리는 이처럼 서로서로 공명하며 함께 공존합니다.

사랑한다면 버텨주세요.
힘들어할 때 어떤 좋은 위로의 말을 해서 그것을
빨리 변화시키려 하지 말고
아파하는 그 모습, 힘들어하는 그 심정을
있는 그대로 알아주고 같이 버텨주세요.

그 마음을 공감해주고 함께 버텨만 주어도
그 사람은 큰 위로를 받고
스스로 알아서 변화의 길을 찾습니다.
좋은 말을 자꾸 해주거나 서둘러 방법을 찾아주려는 것은
어찌 보면 상대의 힘든 상황을 보는 나 자신이
힘들어서일 수도 있어요.
내가 빨리 편안해지려고 자꾸 좋은 위로의 말이나 방법을
찾는 것은 아닌지 살펴보세요.

몇 년 만에 보는 고등학교 친구를 만났습니다.
그 친구 하는 말이, 지하철역 앞에서
퇴근하는 자기를 기다리는 아내와 아이의 모습을 봤을 때
삶의 목적을 재확인하게 되었다고 합니다.

정말로 중요한 것들은
너무 가까이에 있어
때론 잊고 사는 것 같아요.

세상에는 내 존재를 사랑해주는 사람들이 있고,
나의 행동이나 말, 성과를 사랑해주는 사람들이 있습니다.
내 존재를 사랑해주는 사람들은
내가 실수나 실패를 해도 그 사랑, 변함이 없습니다.
그 사람들이야말로 진정한 친구이고 가족이지요.
서로의 존재를 사랑하는 그런 사람이 되세요.

•

일이 계획한 것처럼 잘 안 돼서 힘들어하는 지인에게
따뜻한 응원의 한마디를 해주세요.
"넌 일이 잘되고 못되고를 떠나서 내 눈에는 이미 훌륭해.
힘든 환경 속에서도 해보려고 노력했던 그 모습이
일의 결과와는 상관없이 훌륭하단 말이야. 잘하고 있으니까 힘내!"

•

전 그대가 행복했으면 합니다.
외부조건에 의지해서 수동적으로
누군가가 나를 행복하게 만들어주기를 기다리지 말고,
행복해지겠다는 능동적 결정하에 변화하셨으면 합니다.
전 그대가 진심으로 행복했으면 합니다.

•

"오늘 기분이 어때?"라고 누가 물었을 때
뭐라고 답을 해야 할지 모르겠다면
바로 그냥 "아주 좋은데~!"라고 답을 하세요.
그렇게 말하는 순간, 그때부터 아주 좋아지기 시작합니다.

●

상대가 피곤할 때 하는 말은

피곤이 하는 말이지 상대의 진심이 하는 말이 아니에요.

중요한 대화는 잠 푹 자고 다음 날에 해도 절대로 늦지 않습니다.

피곤할 땐, 말 대신 따뜻한 물 한 컵 따라주고,

그 사람 그냥 가만히 두세요.

●

사랑의 표현 중에 하나는

상대를 그냥 좀 가만히 내버려두는 것입니다.

●

사실, 우리의 말이 축복입니다.

"몸이 가볍고 마음이 평온한 하루 보내세요."

"오늘, 뜻밖의 좋은 일들로 가득하세요."

이런 말들을 주고받는 순간, 그 말에 해당하는

새로운 에너지 장이 우리 주변으로 열려요.

우리 속담에도 말이 씨가 된다고 하잖아요.

•

아무리 옳은 말이라고 하더라도
그 안에 남을 미워하는 마음이 들어가 있으면
그 미움이 옳은 말을 가려서
말은 옳지만 말하는 그 사람은 싫게 느껴져요.

•

옳은 이야기를 듣고도 기분 나쁠 수 있습니다.
그것은 말의 내용도 중요하지만
그 말을 하는 사람의 태도도 중요하기 때문입니다.
아무리 옳은 말이라 하더라도 태도에 따라 의도치 않게
상처 줄 수 있다는 점, 잊지 말아요.

•

말은 어떤 말을 하는가도 중요하지만
어떻게 말하는가가 때론 더 중요합니다.
우린 얼굴 표정이나 몸동작으로,
목소리의 크기나 속도로도 말을 합니다.

화를 내거나, 폭력을 쓰거나, 남을 비난하는 말은
자비한 언행이나 인내보다 즉시 효과가 있는 것처럼 보여요.
하지만 그 일은 두고두고 나를 괴롭히는 상처,
혹은 깊은 후회로 돌아옵니다.

화를 내면 그 화는
메아리가 되어서 반드시 나에게 되돌아옵니다.
내가 낸 화를 상대가 화로 받아쳐 바로 돌아오기도 하고,
은근히 가슴을 후비는 신경전으로 돌아오기도 하고,
사람들 간의 끝없는 뒷담화로 돌아오기도 합니다.
그러니 화를 낼 때는 단단히 각오를 하고 화내야 합니다.

●

집이 어지럽고 청소하기가 귀찮으세요?

그러면 친구를 집으로 초대해보세요.

30분 안에 집 안 청소를 다 하고도 남을 힘이 갑자기 솟아요!

●

이 세상에서 가장 귀찮은 일:

밥 먹자마자 바로 돌아서 설거지하기.

그에 버금가게 귀찮은 일:

일어나자마자 즉시 이불 개기.

●

친구 집에 저녁 초대 받아서 갈 때는

약속시간보다 5분 정도 늦게 초인종을 누르면

가장 이상적인 것 같습니다.

음식 준비하느라고 막바지 준비가 한창이라

살짝 늦게 도착하는 것이 큰 도움을 줄 때가 있어요.

영화 〈인턴〉을 보고 배웠습니다.
남자가 손수건을 가지고 다니는 것은
자신을 위한 것뿐만이 아니고
손수건이 필요한 주변 사람을 위해서
가지고 다니는 것이라는 점을요.

우리가 다른 사람을 도울 때
'그 사람을 위해서 돕는다.'는 생각보다는
'내 마음이 편하자고 하는 거다.'라고 마음을 먹으면
도움받은 상대가 나중에 나를 좀 서운하게 해도
크게 마음이 동요하지 않습니다.

내가 어려웠을 때 큰 도움을 받았는데, 지금은 상황이 좋아져 은혜를 갚으려고 보니 도움을 주신 분이 이 세상에 안 계신 경우가 있습니다. 그러면 예전 나와 비슷한 상황에 있는 젊은 사람들에게 도움을 주세요. 먼저 가신 어른도 아마 좋아하실 것입니다.

법정 스님께서 뉴욕에 오셨을 때 서점에 모시고 간 적이 있다. 그때 스님께서 "혜민 스님도 사고 싶은 책 있으면 고르세요."라고 말씀하셨다. 지금 생각해보면 그때 나는 철없게도 공부하는 학승이라는 핑계로 한두 권도 아니고 무려 여덟 권의 책을 골라 들었는데, 그것을 본 은사 스님께서 한 권만 사라고 눈치를 주셨다. 그때서야 '아차' 하는 생각이 들어 책을 내려놓으려는 사이 법정 스님께서 그 광경을 보시곤 "학승에게 책은 밥이나 숨 쉬는 공기와도 같은 법이지요."라고 하시며 책 여덟 권을 다 사주시고 기념으로 사인까지 해주셨다.

"혜민 스님, 박사공부 열심히 하셔서
많은 사람에게 큰 가르침을 펴세요.
法頂"

우리는 정말로 어른들의 은혜로 산다.
나도 그 큰 어른들처럼 후덕해져야 하는데.
먼저 가신 어른들이 그리운 날이다.

"당신을 위해
내가 지금 이렇게 여기 있어요."

사랑할 때 내가 줄 수 있는
가장 좋은 선물은
그 사람을 향한 내 존재 자체입니다.

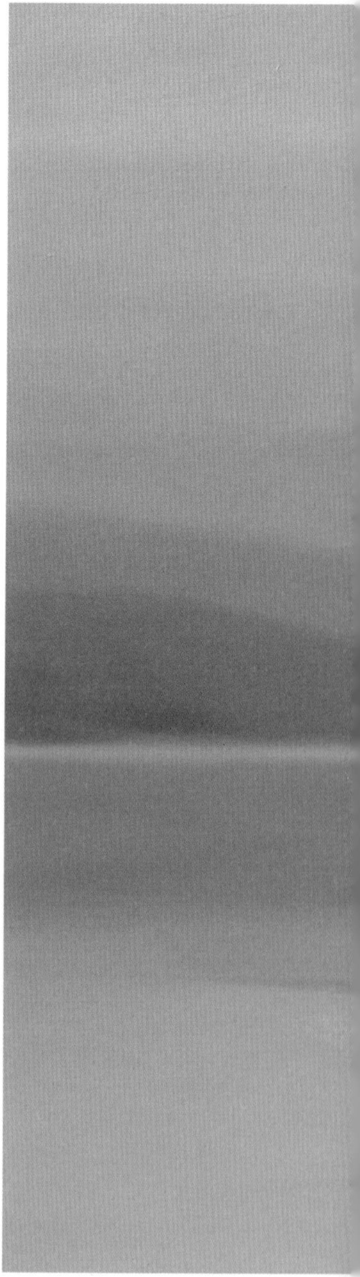

선물. oil on canvas, 116.7×72.7, 2013

경청은 사랑의 표현입니다

살다 보면 정말로 힘든 일이 생겨 누군가와 이야기를 좀 나누고 싶어질 때가 있지요? 이럴 때 여러분은 주로 어떤 사람을 찾게 되나요? 나보다 더 능력 있고 사리분별 명확하고 말 잘하는 친구를 찾게 되나요, 아니면 능력과는 상관없이 그냥 내 이야기를 내 편이 되어 따뜻하게 잘 들어줄 것 같은 친구를 찾게 되나요? 저 같은 경우는 주로 후자를 선택하는 것 같습니다. 물론 나보다 능력 있고 사리분별 잘하는 친구와 이야기를 하다 보면 현재 내가 가지고 있는 문제점을 객관적으로 잘 집어주기 때문에 도움이 되기도 하지만, 막상 정말로 힘든 일을 겪고 있을 때는 다소 단호한 이성적 조언들만 가지고는 왠지 2퍼센트 부족한 느낌이 듭니다. 아마도 그냥 옳은 말보다는 지금 힘든 내 심정을 누군가가 좀 이해해 주고 알아주었으면 하는 바람이 있는 것 같아요.

제가 미국 대학에서 교편을 잡고 있을 때의 일입니다. 학생들을 가르치면서 큰 보람과 행복을 느끼는 순간들이 꽤 많았지만, 반대로 어느 때는 '가르치는 것이 참 쉽지가 않구나!' 하는 느낌이 올라올 때도 많았습니다. 언어와 문화 차이에서 오는 어려움은 둘째 치더라도, 미국 학생들 가운데 가끔씩 도전적으로 교수의 가르침에 정면으로 반박해오거나, 아니면 수업에 성실히 참여하지 않는 느낌을 강하게 풍기는 친구들이 있어요.

그런 소수의 학생들을 보고 있으면 저도 모르게 점점 마음속에서 그들을 외면하게 되더라고요. 그러면 참 마음이 많이 괴롭습니다. 왜냐하면 자기가 가르치는 학생을 싫어하는 것만큼 교수에게 큰 고통은 없으니까요. 그런 상황이 발생할 때면 제 마음이 안타깝고 힘들어서 선배 교수 중 누군가와 이 문제에 대해 이야기를 나누고 싶어집니다. 나만 이런 경험을 하는 건지, 아니면 선배 교수들도 이와 비슷한 경험이 있었는지 묻고 싶기도 하고, 지금 내 마음을 좀 다독여주었으면 하는 바람도 있는 거지요.

그런데 이런 경우엔 평소 저와 가깝게 지내고, 머리도 명석하고 말도 잘하는 철학 전공의 선배 교수보다는, 아무래도 포용력 있게 말을 조용조용 잘 들어주는 전직 가톨릭 수사였던 교수를 찾게 되더라고요. 왜 내가 그런 선택을 하는지 가만히 살펴보면 누군가가 내 말을 귀 기울여 들어준다는 것은 단순히 말만 잘 듣는 것이 아니기 때문 같아요. 얼굴 표정과 목소리에서부터 나를 있는 그대로 인정해주는 느낌과 좋아해주는 따뜻한 에너지가 느껴져요. 내가 하고 싶은 이야기를 끝까지 할 수 있도록 중간에 말을 끊거나 화제를 돌리지 않고 집중하는 눈빛을 보내주면, 내 마음이 열리고 그분을 통해 확장되는 듯한 느낌을 받습니다. 그렇게 되면 지금까지 혼자 버티고 감당했던 무거운 감정들이 믿을 수 있는 마음의 출구를 찾아 사그라들고 심리적으로 훨씬 가벼워진 듯한 느낌을 받게 됩니다.

더불어 내가 힘들어하는 것을 누군가 거울이 되어 알아만 주어도 우리는 왠지 크게 위로가 되고, 갑자기 그 고통들이 나름의 의미를 갖고 다가옵니다. 나만 겪은 줄 알았는데 들어주는 이도 그와 비슷한 경험을 했다고 하면, 왠지 지금 상황이 나에게 문제가 있어서 일어난 것이 아니고 누구나 한 번쯤은 겪게 되는 일이라는 생각이 들면서 현재 상황을 좀 더 수용하게 되기도 하고요. 이처럼 잘 들어준다는 것은 공감의 시작이자 모든 심리 치유의 근간이 되는 것 같아요.

승려이자 학자이다 보니 저도 사람들 앞에서 법문이나 강의를 할 때가 많습니다. 그런데 어떤 청중은 저의 실없는 유머에도 파안대소하며 강당이 떠나가게 기분 좋은 반응을 해주는가 하면, 반대로 반응이 영 신통치 않은 무겁고 경직된 청중을 만나기도 합니다. 반응이 없으면 말하는 사람은 똑같은 말을 하는데도 에너지가 두 배 세 배 더 드는 것을 경험해요. 내 이야기가 물처럼 흐르면서 듣는 사람을 통해 순환되면 힘도 나고 분위기도 좋은데, 상대가 벽같이 막혀 있으면 내 말이 무의미해지고 심리적으로도 위축이 되지요. 그래서 집중해서 따뜻하게 잘 들어준다는 것은 상대에 대한 관심과 배려, 사랑의 가장 구체적이고도 능동적인 표현입니다.

저는 가끔씩 왜 그렇게 현대인들이 밤낮을 가리지 않고 인스타그램이나 페이스북, 트위터 같은 SNS를 하는지 궁금했습니다. 누가 시키지도 않았는데 본인이 오늘 무엇을 했고 무슨 생각을 했는지 사진이나 이야기를 세상에다 공개하는 이유를요. 그것은 온라인상에서라도 누군가가 내 이야기를 들어주길 원해서 그런 건 아닐까요? 그래야 내 행동이 의미가 있고 내 존재 가치가 생긴다고 느끼기 때문입니다. 아무도 봐주는 사람 없이, 관객 없는 무대에서나 혼자 버려진 채로 하루하루를 무의미하게 보내는 것처럼 힘든 느낌은 없을 테니까요.

혹시 지금 여러분 주변에 힘들어하는 가족이나 친구분은 없는지 한번 살펴보세요. 비록 그 사람이 가진 문제를 풀어줄 해결 방법을 내가 모르더라도, 그 사람은 내가 말을 잘 들어준다는 사실 하나만으로도 너무도 고마워할 것입니다.

소풍. oil on canvas, 72.7×60.6, 2015

"누군가의 아픔을 치유한다는 것은, 그런 것 같습니다.
내가 그 사람이 가진 문제 해결 방법을 알기 때문에
가능한 것이 아니라,
오히려 나도 당신과 같은 비슷한 아픔이 있었다고
마음을 열고 잘 들어주며 공감해줄 때,
또렷한 답이 없더라도 상대는 용기를 얻고 나아집니다."

●

우리는 뭔가를 이야기할 때
상대로부터 옳은 이야기를 듣고 싶다기보다는
그냥 내 말을 잘 들어주길 바랄 때가 많아요.
누군가 나에게 이야기할 땐 섣불리 조언하려 하지 말고
상대의 이야기 연료가 다 떨어질 때까지 들어주세요.

●

상대를 내 마음에 맞게 바꾸려 하지 않고
따뜻한 관심으로 바라보고, 이야기를 들어주는 것이야말로
사랑의 가장 순수한 표현입니다.
바꾸고 싶어 하면, 상대의 모습은 사라지고
내 기준으로 만들어낸 상대의 문제만이 보여요.

●

진정한 사랑은 '그럼에도 불구하고' 사랑하는 것 같아요.
내 마음에 맞는 부분 이외에
내 마음에 맞지 않는 부분이 좀 있더라도
그것들을 모두 품어줄 수 있을 때,
좋아하는 감정이 사랑이 되는 것 같습니다.

아이들은 자신의 상처를 남에게 보여주고 싶어 합니다.
왜냐하면 다른 사람들의 관심과 걱정을 얻어내고 싶어서지요.
그런데 가만히 보면 어른들 역시 마찬가지입니다.
아프거나 힘들 때, 슬프고 억울할 때
속으로만 참지 말고 때론 아이처럼 상처를 보여주고
"나 많이 아팠어." 하고 말하세요.

'내가 잘 안다' 하고 보면 더 이상 상대를 보려고 하지 않아요.
'내가 잘 모른다' 하고 볼 때 상대를 자세히 보려고 해요.
그래서 사랑은 '잘 모른다' 하고 보는 상태예요.
혹시 주변 사람들을 내가 이미 잘 안다고 여기는 건 아닌지
다시 한 번 살펴보세요. '잘 안다' 하고 보는 것은
현재 있는 그대로의 모습을 보는 것이 아니고
내 과거 생각으로 보는 것입니다.

사람들이 친한 친구에 대해 험담하는 이야기를 들었을 때
그 이야기를 친한 친구에게 꼭 전해줘야 할 필요가 있을까요?
때론 모르는 것이 약입니다.
들었을 때 하나도 득이 될 일이 없고
그저 친구가 아플 이야기라면 내 선에서 커트하세요.

내 앞에서 남 욕하는 친구, 나 없을 때 내 욕합니다.

남의 잘못을 내가 지적해준다고
그 사람의 행동이 변화할 것이라고 기대하지 마세요.
상대는 상처만 받고 변화는 없는 경우가 많아요.
차라리 칭찬을 통해 그 사람이 잘하는 부분을 발달시키세요.
타고난 성향은 본인이 바꾸고 싶어도 잘 안 됩니다.

예의상이라고 해도 사람을 만났을 때 항상 칭찬을 해주세요.
예뻐졌다거나 더 젊어 보인다거나
오늘따라 옷이나 구두가 멋있다거나.
그러면 호감과 함께 첫 단추가 잘 끼워져
그다음 일도 잘 흐릅니다.

겨울에 누비 승복 입고 맨해튼 돌아다니면 가끔씩 듣게 되는 말:
“이렇게 멋지고 패셔너블한 옷은 어디서 살 수 있어요?”

겨울이라 많이 춥지요.
어느 광고 보니까 ‘사람이 난로다’라고 했는데
정말로 우리는 서로서로가 있어서
몸과 마음의 추위를 녹일 수 있는 것 같아요.
다른 사람에게 오늘 내가 따스한 난로가 됩시다.

우리 삶의 많은 고통은 단절에서 옵니다.
마음의 문이 닫히면서 상처가 생기고 두려움과 의심이 올라옵니다.
지금 단절의 고통이 느껴지면, 단절한 그 사람을 위해 기도해보세요.
그를 미워하지 않는 것이 내 마음에 상처를 남기지 않는
가장 좋은 복수입니다.

나를 힘들게 하는 사람을 만났을 때 속으로 속삭여보세요.
"저 사람도 나와 똑같이 가족들 부양하려고 저러는구나.
저 사람도 나와 똑같이 행복해지고 싶어서 저러는구나.
저 사람도 나와 별반 다르지 않은 어려움을 겪고 있겠구나."

살면서 나를 이유 없이 괴롭히거나
도저히 이해되지 않는 사람을 만났을 때,
나를 위해 속으로 한 번씩 되뇌세요.
"세상은 넓고, 이상한 사람은 많다."

생각이 나와 다를 수 있어요.
다를 때 그냥 '다르다'라고 말해야지
'네가 틀렸다'고 말하면 상대가 상처받아요.
입장 바꿔서 한번 생각해봐요.
내 생각이 틀렸다고 하면 나는 어떤 느낌일지.

있는 그대로를 바로 알아듣는 것은 쉽지 않습니다.
왜냐면 사람은 무슨 이야기를 들었을 때
그 이야기에 본인 과거의 내용을 끄집어내
들은 이야기를 각자가 달리 해석하기 때문입니다.
그래서 열 명에게 똑같은 이야기를 해도
열 명이 다 각자 자기식으로 듣고 해석합니다.
수행은 자기식으로 듣고 있다는 것을
알아차리는 것에서 시작합니다.

●

사람마다 각자 자기 입장이 있습니다. 자기 입장에서 보면 본인이 다 옳아요. 하지만 갈등을 풀기 위해서는 옳은 자기 입장만 되풀이하는 것이 아니고 "난 네 입장이 이해가 돼. 얼마나 당혹스럽고 힘들겠니?"라는 이해의 말이 필요해요. 설득하려 하지 말고 그 사람의 심정을 먼저 알아주세요.

●

우리는 '독해서' 남에게 상처 주는 것보다는
'몰라서' 상처 주는 경우가 더 많습니다.
상처를 주고받았으면 먼저 이야기를 하세요.
"너의 마음 몰라줘서 미안해."라고요. 따뜻하게.

●

우리는 모르고 사람들에게 상처를 줍니다.
상처를 주면서도 주는지 모르기 때문에 상처를 줍니다.
그래서 진정한 참회는 알면서 준 상처에 대한 것뿐만 아니라
모르고 상처 주었던 많은 인연들을 향한 것입니다.

운전을 잘하는 사람은 현재 차들의 흐름을 읽고
그 안에 들어가 하나가 됩니다.
운전을 못하는 사람은 전체의 흐름은 안 보고
자신이 지금 어떻게 운전하는지만 생각합니다.

어떤 일을 하다가 다른 사람에게 불만이 생기거나 시비를 걸고 싶은 마음이 올라왔을 때 나 스스로에게 물어봐야 합니다.
"나는 지금 내가 맡은 일에 집중하고 있는가?"

선방에서 화두 참구가 잘될 때는 내 마음 보기도 바쁘기 때문에 다른 사람 일에 관여하지 않게 됩니다. 그런데 내가 해야 하는 일에 제대로 집중하지 못했을 땐 다른 사람의 잘못된 점이 눈에 들어옵니다.
즉, 다른 사람의 흠은 어떻게 보면 내 마음 거울에 비친 내 흠이기도 하지요. 이럴 때일수록 초심으로 돌아가 지금 내가 해야 할 일에 좀 더 집중하세요.

어두울 때 비로소 보이는 빛처럼

용기篇

4

삶 속에서 시련의 파도가 몰려왔을 때
그냥 어쩔 줄 몰라 하지 마시고
아주 조용한 곳에 가서
내 마음을 고요하게 바라보세요.

마음이 깊은 침묵과 닿으면
알게 됩니다.
이번 시련을 이겨낼 수 있는 힘이
내 안에 있다는 사실을.

감상의 여유. oil on canvas, 53×33.4, 2009

사랑하는 내 청춘도반들께

사랑하는 내 청춘도반 여러분. 축 처진 어깨를 볼 때마다, 힘없는 목소리를 들을 때마다 가슴이 저려옵니다. 오늘 하루는 어땠나요? 몸과 마음이 힘들진 않았나요? 우리는 어려서부터 지금 이 순간, 현재를 즐기는 법을 배우지 못했습니다. 아니, 지금을 즐겨도 된다고 아무도 허락해주지 않았던 것 같아요. 지금은 공부에 집중할 때니 네가 진짜로 살고 싶은 삶은 잠시 보류해두라고, 욕망하지 말라고, 세상의 속도에 집중하라고, 그렇게만 이야기한 것 같아요. 연애를 하고 싶어도, 음악이나 춤을 배우고 싶어도, 여행을 떠나고 싶어도 지금은 '공부에 집중할 때'라고 만류한 것 같아요. 대학 가서 마음껏 누리라고 해서 10대를 숨 막히는 도서관과 학원에서 보내고 어렵게 대학에 와보니, 어땠나요? 이젠 취업 준비다, 고시 공부다, 각종 자격증 공부다, 또다시 내 욕망을 잠시 미뤄둬야 할 이유들로 가득하지 않았나요?

우리는 미래를 위해 현재를 희생하는 것이 정답인 양 익숙해져 버렸는지도 모릅니다. 과정은 중요하지 않고 결과만 좋으면 괜찮다는 생각에 지금은 그냥 버티는 것이 당연하다고 여겼는지도 모르겠어요. 하지만 살다 보면 느낄 때가 옵니다. 과연 지금 내가 당연하게 참고 있는 현재의 불온전한 느낌이 미래에 올지도 모를 꿈의 성취로 보상받을 수 있을까, 하는 의문이요. 그리고 막상 일을 이루고 나서도 그 일이 내가 꾸었던 꿈이 아닌 우리 부모님이, 아니면 우리 사회가 획일적으로 세워둔 성공의 잣대로 '이걸 해야 해, 이게 성공이야.'라고 강요해 끌려온 꿈은 아니었던가, 하는 불안함이요.

운이 좋아서 원하는 회사에 취직이 됐다 해도 막상 들어가 보면 나는 저 아래 말단 '을'이나 '병'일 뿐이고, 내 의견이나 생각을 중요하게 여기는 직장 선배는 찾아보기 힘들어요. 처음 배우는 일들이니까 잘 못하는 것이 당연한데, 그리고 못하면 선배가 좀 천천히 가르쳐주면 좋은데, 귀찮다는 식의 표정 때문에 능력 없는 스스로를 책망하고 힘들어합니다. 그래서 회사를 다니면서도 이곳에서 내 인생을 바쳐 일해야 하나 잘 모르겠기도 하고, 아니면 단지 주위 사람들의 기대에 부응하기 위해, 부모님께 자랑스러운 자식이 되기 위해 이런 삶을 살고 있는 것인지 모르겠는, 그런 '멘붕상태'가 찾아올 수도 있지요.

사실은 저도 그랬어요. 좋은 대학 가면 가족이나 친척들로부터, 아니 이 사회로부터 인정받을 것 같았고, 또 인정받고 싶었어요. 어릴 때부터 집안이 가난했기 때문에 그걸 만회라도 해볼 요량으로 남보다 더욱 노력했고, 크게 공부에 소질이 없는데도 대학원 공부까지 했던 것 같아요. 물론 돌이켜봤을 때, 그 생활이 불행하지도 않았고 후회스럽지도 않지만, 결국 제가 박사학위라는 경험을 통해 무엇을 얻었느냐고 스스로에게 질문해본다면 정말로 솔직히 말해 '교수의 삶이 이런 거였구나.'를 깨닫는 정도였어요. '분석하는 학문적 공부로는 근원적 질문에 대한 해답이 나오지 않는구나.' 하는 것을 알아낸 정도입니다. 그래서 학문에 대한 집착이 떨어져 나간 것 정도가 최고의 소득이었던 것 같아요.

많은 분들이 저에게 묻곤 합니다. 어떻게 스님이 될 용기를 냈느냐고요. 그건 남들이 나를 어떻게 볼까 하는 '타인의 시선'을 그만 좀 의식하고 '내 삶'을 살자는 생각으로 선택했던 것 같아요. 남들이 정해놓은 성공의 잣대에 맞춰서 평생 내가 남들에게 어떻게 보일까를 걱정하며 죽을 때까지 헐떡이며 살고 싶지 않았어요. 내가 왜 태어났는지, 죽으면 어떻게 되는지, 마음의 본성을 제대로 보고 스스로 깨닫고 싶었어요. 그래요, 어떻게 보면 좀 이기적일 수도 있고, 또 어떻게 보면 용기 있는 선택이었을 수도 있어요. 하지만 한 번쯤은, 내 평생 단 한순간쯤은 그래도 내가 진정한 '갑'

인 인생을 살아봐야 하잖아요. 그리고 내 가슴 한곳에서는 솔직히 미치도록 그렇게 살고 싶잖아요? 원이 없는 삶, 후회가 남지 않는 삶, 한 번쯤은 그런 인생을 꿈꾸잖아요? 내 선택을 남들이 봤을 때 '바보 같은 짓'이라고 손가락질한다 해도 내가 바라는 삶을 한 번쯤은 살아보는 것이 나에게는 소중한 경험이니까요. 그래야 내가 내 삶을 사랑했다고 세상에 대고 당당히 말할 수 있으니까요.

사랑하는 내 청춘도반 여러분. 내 스스로가 원하는 삶, 살아도 괜찮습니다. 부모님이 원하는 삶, 이 사회가 전망 좋다고 인정하는 삶이 아닌, 내가 정말로 살고 싶은 삶, 내 스스로가 의미 있다고 생각하는 삶, 그 삶을 살아도 괜찮아요. 주변에서 안 된다고 뜯어말려도 그들이 내 인생 대신 살아주는 것도 아니잖아요? 용기가 부족한 심약한 내 마음이 '정말 그래도 돼?'라고 물어오면, 그래도 된다고 웃어주세요. 남들이 가지 않았거나 아니면 잘 모르는 길을 가려고 하면 많은 사람들이 그쪽으로 가지 말라고 말리는 법입니다. 단지 내 선택에 따른 책임도 온전히 내가 다 감당하겠다, 라는 명확한 마음가짐만 있다면 다른 사람들의 목소리에 너무 귀 기울이지 말고 내 가슴이 하는 말을 따르세요.

부디 한순간이라도 주변 사람들의 기대만을 충족시키기 위한 종 같은 인생이 아닌, 내 삶의 운전대를 내가 쥐고 가는, 주인으로 사는 용기를 내시길 진심으로 기원합니다. 파이팅!

나는 내 길을 잘 가고 있는데 주변에서 자꾸 나를 흔드는 경우가 있어요.
나이를 생각해보라고, 결혼이나 돈, 직장 이야기를 하면서
남들과 나를 비교하지요.
이럴 때 흔들리지 말고 지금까지 온 길, 뒤도 돌아보지 말고
무소의 뿔처럼 앞으로 나아가세요.

인생은 기다리는 것이 아니에요. 왜냐하면
기다리면 다음 번 버스가 또 올 줄 알았는데
버스 노선이 아예 바뀌어버려 버스를 영영 못 타는 경우가 생겨요.
언젠가 하겠다고 마음먹은 거, 생각났을 때 바로 해보세요.

내 삶을 변화시켜 줄 그 한 사람을 오랫동안 기다렸는데
아직까지 그 사람이 나타나지 않았다면, 아마도 그건
더 이상 기다리지만 말고 내가 나 자신에게
그런 사람이 되라는 하늘의 뜻일 수 있습니다.
누군가에게 의존하고 싶을 땐 기억하세요.
내 안엔 내가 생각하는 것보다
훨씬 더 강하고 지혜로운 존재가 살고 있습니다.

스스로에게 물어보세요.

내 삶을 이끄는 가치가 무엇인가?

내가 진정으로 이생에서 성취하고 싶은 것이 무엇인가?

답이 뚜렷하면, 남들이 좋다고 하니까

그냥 생각 없이 따라가는 삶이 아닌

내 삶을 제대로 살 수가 있어요.

내가 정말 뭘 하고 싶은지

다양한 경험을 통해 알아보려는 노력 없이

그냥 남들 따라가다 보면,

경쟁률 높은 직업군을 선택하게 되어요.

몇 년간을 시험 준비하면서 마음고생 하다가 결과가 나쁘면

그 길밖에 생각해보지 않았다면서 크게 좌절하고 방황합니다.

직업 종류는 만 가지가 넘어요.

부디 세상과 사회, 부모님이 세뇌해온 프레임에서 벗어나

내 길을 창조해 나가세요. 그게 성공입니다.

●

무언가를 새로 배운다는 것은
필연적으로 쪽팔리는 경험을 할 것이라는 뜻입니다.
그것도 모르느냐고 무시도 당하고
잘 안 되는 자기 자신이 싫어지기도 하고요.
그 과정을 못 하겠다면 평생
외국어도 운동도 악기도 운전도 일도 배울 수가 없어요.

●

하기 싫은 공부라도 내가 가장 좋아하는 과목부터 하세요.
좀 별로인 상차림이라도 그중 맛있어 보이는 음식부터 드시고요,
책도 가장 읽고 싶은 부분부터 읽어도 됩니다.
처음이 하기 힘들어서 그렇지 일단 발동이 걸리면
어렵지 않게 계속할 수 있어요.

●

한국의 독서실 문화는 참으로 독특해요.
그 어느 나라에도 없는, 도서관이 아닌 독서실.
공부하려고 바둥거리며 친구들과 밤 1시까지 불안한 미래에 대해
담소를 나누며 컵라면, 김밥, 떡볶이 등 야참을 먹었던 곳.
그 옛날 독서실 친구들은 지금 무얼 하며 살고 있는지.

창의적 아이디어는 비주류 삶을 사는 외곽에서 일어나기 쉬워요.
주류가 정해놓은 규칙을 끊임없이
의심하고 도전하고 철학하기 때문입니다.
주류가 아니라도 지금 내 삶의 위치를 적극적으로 활용해서
뭐든 내 식으로 꾸준히 해보세요.

20세기 서양의 저명한 사상가, 미셸 푸코, 자크 데리다,
에드워드 사이드는 모두 차별받는 비주류 출신이었어요.
미셸 푸코는 동성애자, 자크 데리다는 프랑스 식민지 알제리 출신,
에드워드 사이드는 팔레스타인 아랍계 기독교인이었습니다.
이들은 본인이 비주류라는 사실을 약점으로 여기지 않고,
그것을 오히려 적극적으로 받아들이면서 주류가 보지 못하는
관점에서 서양 철학사를 엄청나게 바꿔놓았습니다.

●

생각을 많이 한다고 문제가 해결되는 것은 아닙니다.
생각으로 문제를 풀려고 하지 말고 반대로 마음을 좀 쉬어보세요.
생각이 쉴 때 문제의 해답이 떠올라요.
지혜는 고요함에서 옵니다.

●

걱정이 많아서 불안할 때 스스로에게 물어보세요.
이렇게 미래에 대해 걱정한다고 바뀌는 것이 있는지.
걱정 때문에 오히려 지금 현재 시간을 놓치고 있는 것이 아닌지.
바뀌는 것이 없다면 걱정하는 그 마음에게 말하세요.
"그 일이 실제로 일어나면 그때 가서 걱정하자!"

●

고민도 순번을 정해서 하세요.
아직 일이 일어나지도 않았는데, 일이 일어났다고
가정을 하고 하는 고민은 머리만 아프게 하는 것 같아요.
그냥 지금 상황에서 바로 고민해야 할 그 한 가지만 고민하고
나머지는 그때 가서 다시 생각해요.

●

생각을 많이 하면 무엇을 하기 힘듭니다.

그냥 바로 해버리면 되는데 생각을 자꾸 일으키며 저항하니까

'못한다, 힘들다, 어렵다' 합니다.

아침에 일찍 일어나 머리가 맑고 생각이 없을 때

바로 그 일을 해버리세요.

시간 지나면 또 저항하기 시작해요.

●

완벽하진 않아도 85퍼센트 정도 괜찮다 싶으면

넘기고 다음 일을 하세요.

완벽하게 한다고 한없이 붙잡고 있는 거, 좋은 거 아닙니다.

왜냐하면 완벽이라는 것은 내 생각 안에서만 완벽한 거니까요.

●

시험이나 면접 보기 전에 항상 기억하세요.

나는 내가 생각하는 것보다 훨씬 더 많이 알고 있다는 사실을요.

우리 무의식에 엄청나게 담아두고 있어요. 자신감을 가져도 돼요.

내가 지금 컨트롤할 수 있는 일들과 없는 일들을 구분해요.
이미 지나간 과거의 일들은 내가 다시 돌이킬 수 없습니다.
다른 사람들이 나에 대해 어떻게 생각하는지 컨트롤할 수 없습니다.
하지만 현재 내 눈앞에 있는 내 몫의 그 한 가지 일은
컨트롤할 수 있습니다. 걱정을 멈추는 길은
내가 지금 컨트롤할 수 있는 그 일에 집중하는 것입니다.

실수를 두려워하지 마세요.
다만, 실수를 통해 배움이 없는 것을 두려워하세요.
어느 분야의 전문가가 된다는 것은 이런저런 실수들을 통해
내공이 쌓인 사람을 칭하는 말입니다.

삶 속에서 시련의 파도가 몰려왔을 때
그냥 어쩔 줄 몰라 하지 마시고
아주 조용한 곳에 가서 내 마음을 고요하게 바라보세요.
마음이 깊은 침묵과 닿으면 알게 됩니다.
이번 시련을 이겨낼 수 있는 힘이 내 안에 있다는 사실을.

젊은 날이 가장 힘든 것 같아요. 기성세대들은 어리고 경험 없음만 보기 때문에 내가 나를 계속해서 증명해내야만 하는 상황, 저도 가장 힘들었던 것 같아요. 하지만 그 터널의 끝은 있습니다. 갑자기 밝아지진 않지만 서서히 밝아집니다. 젊음이라는 캄캄한 터널을 빠져나가고 있는 친구들, 가슴으로 응원합니다!

청춘, oil on canvas, 95×50.5, 2013

내 인생 첫 번째 실패가 찾아왔을 때

"스님, 지원했던 대학에서 다 떨어졌어요. 지금 제 자신이 너무 초라하네요. 다시 공부를 해야 되는데 마음을 어떻게 잡아야 할지 모르겠어요.", "저는 임용고시 준비를 3년 했어요. 그런데 같이 준비하던 친구들은 다들 붙었는데 저만 또 떨어졌어요. 앞으로 어떻게 해야 할지 막막합니다. 시험을 다시 준비해야 할지, 아니면 지금이라도 다른 길을 찾아봐야 할지. 어떻게 하면 좋을까요?", "회사를 그만두고 가게를 시작했는데 예상과는 달리 손님이 너무 없어서 접었습니다. 식구들 볼 면목도 없고 경제적으로 힘들어져서 의기소침해 있습니다. 스님께서 기운을 좀 북돋워 주세요."

내 인생에 찾아온 첫 번째 실패는 너무도 아픕니다. 누구에게나 예외 없지요. 실패에 익숙지 않은 사람들은 미래에 대한 계획을 세울 때 '설마'라는 생각을 하기 마련입니다. 경쟁률이 높지만 다른 사람은 몰라도 나는 설마 합격하겠지, 요즘 경기가 안 좋다지만 열심히만 하면 내 가게만큼은 설마 성공하겠지, 하고 막연한 상상을 합니다. 시험에 떨어지고 난 후에, 가게가 망하고 난 후에 어떻게 할지 구체적으로 미리 생각하고 준비하는 사람은 많지 않습니다. 특히 최선을 다해 노력한 사람, 목표만 바라보고 열심히 달려온 사람의 경우에는 그 꿈이 좌절됐을 때, 다른 대안은 생각해보지 않았기에 앞이 더 캄캄합니다. 또한 어렸을 때부터 공부 잘한다는 소리를 들었던 사람일수록, 큰 어려움 없이 순탄하게 살아온 사람일수록 자신의 인생 앞에 찾아온 첫 번째 실패 앞에서 더 크게 좌절합니다.

그런데 그거 아시나요? 지금 같은 실패가 내 인생에서 수십 번은 더 찾아올 거라는 사실을요. 앞으로도 내 계획대로 되지 않는 일들이 무수히 많을 거라는 사실을요. 그리고 이런 좌절은 사람이라면 누구나 죽을 때까지 끊임없이 겪어내야 한다는 사실을요. 즉, 지금 실패는 아주 정상적인 경험입니다. 여기서 중요한 것은 실패를 경험했다고 해서 내가, 내 인생 전체가 '실패자'는 아니라는 점입니다. 내게 결함이 있어서도, 내가 남들보다 못나서도 아닙니다. 단지 실패는 '내가 성취하고자 하는 일에 대한 나의 접근 방식이 잘못되었구나.'를 가르쳐주는 귀중한 계기일 뿐입니다. 그래서 실패 후에는 냉정하게 스스로에게 물어봐야 합니다. '지금의 경험이 나에게 준 가르침이 무엇이지?'라고 말입니다. 실패의 원인에 대한 답이 명확하게 나와야 성장할 수 있습니다. 이 과정이 빠지면 똑같은 실패를 반복할 위험이 큽니다.

승려가 취직 때문에 힘들었다고 하면 좀 우습지만, 저도 미국에 있는 대학 교수 임용 과정에서 쓰라린 실패를 경험했습니다. 박사학위를 마치고 교수 채용 공고를 보고 여러 곳에 지원했는데 운 좋게도 1차 서류 전형과 2차 학회 면접에서 합격한 학교가 여섯 군데였습니다. 그런데 하필이면 마지막 관문인 3차 대학 캠퍼스 면접에서 제가 가장 마음에 두었던 대학이 가장 빨리 불합격 통보를 보내왔습니다. 그때까지 인생에서 큰 실패를 경험해본 적 없었던 저는 사실 큰 상처를 받고 좌절했습니다. 아직 다른 학교 인터뷰가 여러 군데 남아 있는 상황이었는데도 실패했다는 생각이 들면서 내 능력에 대한 총체적인 의문도 들고 다 포기하고 싶다는 생각도 올라왔습니다. 거절당했다는 생각에 마음은 급속도로 나를 우울하게 만들고 그냥 잠만 자고 싶더라고요.

하지만 며칠 후 아주 이른 새벽에 깨어 내가 왜 그 학교에서 떨어졌을까에 대한 깊은 성찰의 시간을 가졌습니다. 가만히 들여다보니 그때까지 저는 제가 가지고 있는 최선의 모습을 그냥 잘 보여주기만 하면 그 학교에서 알아서 저를 뽑아주겠지, 라고 생각했습니다. 하지만 바로 그 생각이 너무도 순진하고 틀린 생각이었다, 라는 깨달음이 올라왔습니다. 학교가 원했던 것은 인터뷰 받는 사람이 보여주는 최선을 다하는 모습이 아니고, 그 학교가 현재 필요로 하는 능력을 이미 지니고 있는 사람이었습니다. 즉, 저는 상대가 정확하게 무엇을 원하는지 파악하는 데 너무도 안일했던 것입니다. 무슨 일을 도모할 때 그 일이 이루어지려면, 그 일의 시작점이 내가 되면 안 되고, 상대의 욕구에서부터 시작되어야 하는데 그 점을 너무 간과하고 있었다는 사실을 그 실패를 통해 비로소 깨달았습니다. 그 일을 겪은 후 저는 다른 대학들과 캠퍼스 인터뷰를 하기 전에 각 대학이 임용할 교수로부터 무엇을 바라는지를 철저하게 조사해 준비하기 시작했고 얼마 지나지 않아 한 대학으로부터 좋은 소식을 받을 수 있었습니다.

지금 대학 입시에 실패해서 힘드신가요? 그렇다면 그냥 좀 더 열심히 공부하면 되겠지 막연하게 생각하지 말고, 어떤 잘못된 습관 때문에 성적이 오르지 않는지 구체적으로 답을 찾아보세요. 지금 고시에 떨어져서 방황하시나요? 이번 딱 한 번만 더 시험에 도전해보고 안 되면 다른 길을 찾아보겠다고 가족들 앞에서 맹세하세요. 마지막이라고 다짐을 하면 죽기 살기로 열심히 하게 될 것이고, 설사 훗날 다른 길을 가게 되더라도 '그때 조금만 더 해볼걸.' 하는 후회를 남기지 않습니다. 가게가 망해서 좌절하셨나요? 그렇다면 왜 망했는지 누구 탓을 하지 말고 냉철하게 스스로에게 그 원인을 물으세요. 혹시 파는 물건이 특별한 개성이 없고 시장의 욕구를 잘못 분석한 것은 아닌지, 아니면 가게의 위치를 잘못 골랐거나, 사람들과의 관계에서 내가 실수를 해서 그랬던 것은 아닌지 명확한 이유들을 찾아보세요. 혹시라도 재도전하게 된다면 처음보다 두 배, 세 배 이상의 시간을 들여 철저하게 분석하면서 준비하세요.

누구에게나 찾아오는 실패, 그 실패를 경험할 때마다 나만의 인생 노하우를 쌓아 지혜롭고 신중한 나로 거듭날 수 있는 절호의 기회가 찾아왔다는 사실을 잊지 마세요. 여러분의 실패를 응원합니다.

Harmony, oil on canvas, 72.7×50, 2009

●

내가 원했던 목표가 이루어지지 않았다고
그 목표를 향해 달려온 지금까지의 노력이 헛된 것은 절대 아닙니다.
과정은 결과를 위해 존재하는 것이 아니라
과정 자체로도 이미 의미 있는 일이에요.
인생, 끝에 가보기 전까지는 그 누구도 모릅니다.

●

시험을 망친 것이지 내 인생을 망친 것은 아닙니다.
사업이 실패한 것이지 내 삶이 다 실패한 것은 또 아니에요.
부정적인 일을 겪었을 때
확대 해석하려는 생각이나 말을 경계하세요.

●

실패했을 때 그것을 극복하는 첫 번째 과정은
실패했다는 사실을 철저하게 인정하고 받아들이는 것입니다.
깨끗하게 받아들이면 마음이 오히려 편해지고
다음엔 어떻게 해야 할지 보이기 시작합니다.

•

어린 나이에 너무 빨리 성공하는 것이
인생의 3대 재앙 중 하나라고 합니다.
첫술에 배부르지 않다고 실망하지 말고
우리 차근차근 한 발 한 발 앞으로 나아가요.

•

일이 잘 안 될 때는 계속해서 고민만 하는 것이 아니라
뭐라도 시도를 해보는 방법밖에 없습니다.
왜냐면 인생에는 딱 정해진 객관적인 정답이 있는 것이 아니고,
뭐든 계속 시도하다 보면 상황에 맞는
나만의 답이 나오기 때문입니다.

●

천둥 치고 장대 같은 비가 한참 내리고 난 다음 날,
파란 하늘과 푸른 산을 바라보면
그 빛깔이 그전보다 훨씬 깊고 선명하게 잘 보입니다.
이처럼 우리 삶에서도 천둥이나 장대비 같은 큰 시련의 시간이
지나고 나면 인생에서 정말로 소중한 것이 무엇인지
비로소 선명하게 보이기 시작합니다.

●

비가 온다고 그 비가 지나가길
마냥 기다리면서 인생을 허비하지 마세요.
빗속에서도 춤을 추고 노래를 부르며
비가 지나가기를 기다리세요.
–작자 미상

●

지금 힘드신 거, 지나가는 구름입니다.
인생 전체를 두고 봤을 때 잠시 지나가는 구름입니다.
그러니 기죽지 말고 힘내세요.

•

누군가 나타나서 내 문제를 좀 해결해주었으면 좋겠다고
생각될 때, 기억하세요.
이 세상은 절대로 공짜가 없다는 사실을요.
문제가 해결되고 나면,
이번엔 공짜로 문제를 해결해준 그 사람이 문제가 됩니다.

•

내 앞가림을 내 스스로가 못하면
어느 순간 절친한 친구들도 나를 부담스럽게 생각합니다.

•

다른 사람에게 관심을 구걸하지 말아요.
내 실력이 쌓이면 저절로 사람들로부터
관심을 받게 되어 있습니다.
무의식중에라도 관심을 구걸하고 있다고 느낄 때
'내 실력을 더 길러야지.' 하고 마음먹으세요.
절대로, 존귀한 나를 거지처럼 대하지 마세요.

흔든다고 내가 흔들리면 세상이 나를 더 세게 흔들어요.
다른 사람의 칭찬이나 비난에
쉽게 흔들리지 않는 바위를 본받아요.

나는 나름대로 최선을 다해 노력했는데
누군가가 내가 한 일에 대해 비판하거나 뒷담화를 할 수 있어요.
그런데요, 미슐랭 별 세 개 받은 최고의 요리사 음식도
그냥 별로라고 생각하는 사람이 이 세상엔 꼭 있어요.
그 누구도 세상 모든 사람을 다 만족시킬 수는 없습니다.

우리는 열 마디 칭찬보다 한마디 비난에
훨씬 더 영향을 받습니다.
그러니 누군가가 나를 비난해서 상처받았을 때 기억하세요.
그 한마디 비난 뒤엔 나를 응원하고 좋아해주는 사람들의
열 마디 박수가 숨어 있다는 사실을요.

●

무엇을 정말로 열심히 하는 분들을 보면 매력이 있습니다.
그런데 열심히 하면서 본인 스스로를 자꾸 의식하는 것이 아니라
나를 잊은 채, 그 일과 혼연일체가 되었을 때 그 매력이 보여요.

●

스스로를 감동시킬 만큼 어떤 일에 최선을 다해본 적이 있었던가?
다른 사람은 몰라도 자신은 안다. 정말로 최선을 다했는지.
그러면 눈물이 난다. 나도 모르게….

●

물건을 홍보하고 파는 사람 스스로가
그 물건이 정말로 좋다고 뼛속까지 느끼는 것이 없다면
그 물건은 잘 팔리지 않습니다.
사람들은 물건을 산다기보다
파는 사람의 열정을 사기 때문입니다.

하늘은 나를 성장시키려고 마음먹으면
라이벌을 한 명 보내줘요.
나보다 더 능력 있어 보이고 배경도 좋고
심지어 성격까지 좋은 라이벌을 보내
내 안의 잠재력과 노력의 열정을 불태우도록 종용합니다.
경쟁할 때는 그 사람이 참 밉고 싫지만
세월이 지나 내가 이만큼 성장한 것을 돌아보면
한편으로는 라이벌 덕분이라는 생각이 듭니다.

퀴즈 하나 풀어보세요.
"조직 안에서 사람들이 맡는 여러 업무 중에 제일로 힘든 업무는?"

.

.

정답:
"내가 맡은 업무."

•

다른 사람의 흠 같지도 않은 흠을 잡아서
그것을 통해 본인의 존재감을 드러내려 하지 말아요.
고수는 내가 그러고 있다는 것을 금방 알아챕니다.

•

앞서기 위해 앞사람을 비난해가면서
자기가 일어서려고 하지 마세요.
그러면 나도 곧 내 뒷사람들에 의해 짓밟히고 비난받습니다.
대신 나의 성심이 담긴 노력으로, 실력으로 인정받으세요.
내가 누굴 치는 순간, 내 밑천이 바로 드러납니다.

•

실력 없어 불안한 사람들이
줄을 대어 정치적 힘으로 일을 처리하려고 합니다.

●

좋아하는 일이니까 항상 좋을 것이라고 기대하는 것이 잘못입니다.
좋아해서 시작했던 일도 시간이 지나면
재미가 없어지고 힘든 시간이 있을 수 있어요.
어떤 일이든 고된 시간을 이겨내야 결실을 맺는다는 사실을
잊지 말아요.

●

교수는 학생들 가르치고 본인 연구만 하는 줄 알았어요. 그런데 교수가 되고 보니 비용 처리 영수증 정리, 각종 추천서 써주기, 연구비 지원서와 보고서 작성, 학교 홍보용 차출 강연 등 하기 싫은 일들도 함께 섞여 있었습니다. 그런데 가만히 보면 모든 직업이 다 그런 것 같아요. 본인이 싫은 것도 해야 좋은 것도 할 수가 있습니다.

무엇이든 최선을 다해 준비하고 나면
그 일을 해야 하는 당일,
많이 떨릴 줄 알았는데 의외로 마음이 고요해지면서
그동안 열심히 준비한 것을 보여줄 수 있다는 생각에
살짝 흥분된 상태가 됩니다.
아주 철저하게 준비해보세요. 그다지 떨리지 않습니다.

아주 작은 일들이라 해도 내 마음과 영혼과 지성을 총동원해
정성으로 해보세요. 그것이 바로 성공의 비밀입니다.
–스와미 시바난다

인생의 전환점은 좋았을 때보다 어렵고 힘들었을 때,
혹은 궁지에 몰리거나 고생이 심했을 때 옵니다.
그때 내가 더 크게 성장하고, 변화의 용기를 냈던 것 같아요.
시간 지나고 보면 힘들었을 때가 나에게 약이었어요.
지금 약 드시는 분들 힘내세요. 파이팅!

제대로 보는 법. oil on canvas, 53×40.9, 2009

우리에겐 배짱의 한마디가 필요합니다.

내가 느끼는 열등한 부분에 대고 “그래서 어쩌라고?”라고 한번 외쳐보는 거예요. 예를 들어 시험만 보면 긴장하고 떠는 나에게 “그래 나 좀 긴장한다. 그래서 어쩌라고?”라고 하는 것입니다. “내가 다른 경쟁자들에 비해 키가 좀 작다. 그래서 어쩌라고?”, “우리 집 좀 가난하다. 그래서 어쩌라고?” 이렇게 인정해버리고 나면 살짝 분한 마음이 올라오면서 그 열등한 요소를 치고 올라가려는 용기가 나오게 됩니다. 열등한 부분을 숨기고 부끄러워하면 문제가 되지만, 그것을 인정해버리고 “그래서 어쩌라고?” 해버리면 그 한계를 극복하고자 하는, 나도 모르는 내면의 힘이 나옵니다.

나의 첫 사랑, 나의 첫 상처

가족篇

5

내 아이가, 내 부모님이, 내 형제가
왜 저렇게 사고하고 행동하는지
도저히 이해가 안 될 수 있어요.

하지만 이해하지 못해도,
내 마음에 딱 들지 않아도
깊이 사랑할 수는 있습니다.

왜냐하면
깊은 사랑은
이해를 초월하기 때문입니다.

술래, oil on canvas, 90.9×65.1, 2007

“엄마 많이 많이 사랑해”

세상 모든 이들이 누군가의 귀한 아이이듯, 비구 승려 역시 한 어머니, 한 아버지의 귀한 아들이다. 비록 일대사 문제를 해결하려 발심해서 출가한 몸이라 할지라도 부모와의 천륜은 끊으려야 끊을 수가 없다. 석가모니 부처님의 제자 목련존자는 지옥에 계신 어머니를 구해낸 지극한 효성으로 잘 알려져 있다. 근대 한국불교를 일으킨 경허 선사 역시 크게 깨닫고 나서 가장 먼저 어머니를 찾아갔다고 한다. 경허 선사가 직접 탁발해가며 20여 년간 어머니를 극진히 봉양했다 하니, 깨달았다 해서 부모에 대한 효심이 사라지는 것은 아닌 듯하다. 지금도 주위를 보면 연로한 노모를 절에서 모시고 사는 어른 스님도 많이 계시다.

나의 경우에도 우리나라에 들어올 때마다 속가에 며칠이라도 머물며 아들 도리를 다하지 못한 마음을 조금이나마 속죄하려 한다. 그런데 안타까운 것은 한 해 두 해 지나갈수록 오랜만에 뵙는 어머니의 모습이 점점 힘없는 할머니 모습이 된다는 것이다. 희끗희끗 흰머리도 많아지고 이도 많이 빠지셨다. 할머니가 되어가는 어머니의 모습을 아들의 눈으로 보고 있자니 속상한 마음이 들 수밖에 없다. 세상 만물이 다 무상無常하다는 것을 잘 알면서도 그래도 어머니에게만큼은 좀 그 무상의 진리가 비켜갔으면 하는 마음이 드는 것은 어쩔 수 없다.

나는 어머니를 많이 닮았다. 다소 내성적이지만 밝고 온화한 성품을 지니신 어머니. 음악과 미술을 좋아하시고 고운 심미안을 지니신 어머니. 글 읽는 것을 좋아하시고, 마음에 드는 말을 듣거나 좋은 생각이 떠오르면 글로 옮겨놓으시는 어머니. 어려움이 좀 있어도 잘 참으시면서 일을 끈기 있게 해나가시는 어머니. 나는 그런 어머니를 보고 자랐고 닮고자 했다.

그런데 그렇게 항상 밝고 곱고 건강하실 줄로만 알았던 어머니가 최근에 건강이 나빠지셨다는 소식을 얼마 전 우리나라에 들어와서야 알았다. 타지에 있는 아들이 걱정할까 싶어 내게 알리지 말라고 하신 모양이다. 자식들에게는 부모님이 편찮으시다는 말처럼 가슴 철렁한 말도 없다. 다행히 심각한 병은 아니었지만 그래도 아들 마음은 고향 땅에 머물던 지난달 내내 어머니 주위를 맴돌았다. 사람들의 아픈 마음에 조금이나마 도움이 되겠다고 동분서주하고 있으면서 정작 내 어머니의 건강을 제대로 챙기지 못했다는 사실이 참으로 부끄럽고 쓰렸다.

일반 대중들에게 강연을 할 때면 나는 항상 마지막 시간에 서로서로 손을 잡고 같이하는 '마음 치유 명상'을 한다. 이때 옆자리에 앉아 있는 사람의 손을 잡고 마치 어머니, 아버지가 내 양손을 잡고 계신다고 상상해보라고 말한다. 그렇게 생각한 후 다 같이 부모님을 이해하고 축복하는 기도를 소리 내어 한다.

"엄마도 이생에서 많은 고생을 하셨군요. 아버지도 또한 많이 힘드셨군요. 부모님 몸이 건강해지시길. 마음이 편안해지시길. 어디를 가시나 항상 보호받으시길."

그렇게 다 함께 조용히 읊조리다 보면 많은 분들이 눈물을 흘리신다. 부모님만 생각하면 자식으로서 더 잘해드리지 못한 안타까움과 미안함이 올라오는 것은 인지상정이다. 항상 마음은 있지만 표현이 서툴러서, 표현할 기회가 없어서, 아니면 그 기회마저 놓쳐버려서 하지 못하고 있었는데 다 같이 눈을 감고 부모님의 건강과 행복, 평안을 빌다 보면 자신도 모르게 눈물이 나는 것이다. 나도 사람들과 함께 어머니 건강을 염려하며 기도를 하다 보니 갑자기 깊은 심원으로부터 울컥 올라오는 한마디가 있었다.

"엄마, 엄마, 많이 많이 사랑해."

머리가 아닌 가슴이 하는 말은 이처럼 간단하고 직접적이다.

좀 쑥스러운 마음이 들었지만 나는 바로 어머니께 사랑한다는 문자를 보냈다. 생각해보니 어머니께 사랑한다는 말을 언제 했는지조차 기억나지 않았다. 그리고 '어머니'가 아닌 '엄마'라는 표현이 더 자연스럽게 나왔다. 나중에 알았지만 어머니는 스님이 된 아들이 보낸 문자를 보고 많이 우셨다고 한다. 그리고 다짐하셨다고 한다. 내 아들을 위해서라도 다시 건강해져야지 하고 말이다. 부모는 그런 존재인 듯하다. 나를 위해서, 내 몸을 위해서 스스로를 챙기는 것이 아닌, 내 자식을 위해서, 내 자식에게 짐이 되지 않기 위해서 스스로를 챙기는 존재.

소설《엄마를 부탁해》를 보면 자식은 엄마를 잃어버린 후에야 비로소 엄마의 사랑을 깨닫는다. 저자의 어느 인터뷰를 보니 오랜 시간 동안 이 소설을 구상하며 글이 잘 풀리지 않았는데 '어머니'라는 단어를 '엄마'로 고쳐 쓰자 술술 써지기 시작했다고 한다. 소설은 큰딸이 바티칸시티에 갔을 때 성모께서 죽은 예수님의 몸을 껴안고 있는 피에타상 앞에 장미나무 묵주를 내려놓고 "엄마를, 엄마를 부탁해."라고 말하는 장면으로 끝이 난다.

다음 주면 다시 출국한다. 어머니를 두고 떠나는 아들 마음이 너무도 안타깝다. 속으로 나도 모르게 자꾸 '관세음보살, 관세음보살'을 찾게 된다.

•

사랑하는 사람의 손만 잡고 있어도
자신에게 찾아온 고통이
혼자 있을 때보다 훨씬 경감되게 느껴진다고 합니다.
아플수록 가족의 사랑이 더 소중하게 느껴집니다.
아플수록 더 사랑하세요.

•

사랑하는 사람이 아플 때
내가 줄 수 있는 가장 의미 있는 선물은
바로 내 존재 자체입니다.
좋은 말이나 물질적인 도움도 좋지만
그냥 옆에 같이 앉아서 손잡고 웃어주세요.
오랜만에 사랑하는 분의 눈도 마주 보면서요.

•

우리는 병이 없어서 오래 사는 것이 아니에요.
병이 있어도 그 병을 잘 관리해가면서 오래 사는 것입니다.
투병 중인 분들, 또 그 곁을 지켜주시는 분들,
희망을 잃지 않으시길….

일기예보에서 비가 온종일 올 것이라고 해도
자세히 보면 중간중간 비가 그칠 때가 있습니다.
병에 걸려 아프더라도 자세히 보면
그렇게 아프지 않은 순간들도 있어요.

하지만 '병에 걸렸다', 혹은 '온종일 비'라는 관념을 가지고 있으면
비가 계속 오거나 혹은 아픔이 항상 있는 것처럼 잘못 느껴져요.
생각에 너무 빠지면 실제보다 훨씬 나쁘게 상상하게 만들어요.

우리는 어쩌면 "당신을 사랑해요."라는 말보다
"나에겐 당신이 필요해요."라는 말을
더 듣고 싶었는지도 모릅니다.
그 한마디로 내 존재 이유와 가치를
느끼게 되기 때문입니다.

오늘, 나는 당신의 존재를 필요로 한다고
용기 내 말씀해보세요.

●

사랑하는 가족이 돌아가시고 나면 더 잘해주지 못해서 미안하고, 또 지켜주지 못해서 죄책감도 들지요. 그런 힘들고 외로운 시간을 견디고 나면 결코 찾아올 것 같지 않던 봄날을 다시 맞이하게 됩니다.

세상 가득 핀 꽃들을 보면서 따스한 햇살을 쬐고 있으면 문득 먼저 떠난 가족이 어딘가에서 나를 지켜보고 있고, 내가 잘되길 염원하고 있다는 느낌이 불현듯 듭니다. 혼자인 줄 알았는데, 결코 혼자가 아님을 깨닫습니다.

●

소중한 사람을 잃는 것만큼
삶의 궁극적인 좌표를 다시금 새기게 만드는 일은 없는 것 같아요.
무상의 경험이야말로 삶의 가장 큰 스승입니다.
지금 어딘가에서 아파하는 그대가
그 상처로 인해 삶의 진리를 크게 깨달으시길.

아무리 좋은 사람과의 인연도
시간이 지나면 상황에 의해서
변하고 멀어질 수밖에 없습니다.
친한 친구가 이사 갈 수도 있고,
가족이 아파서 저세상으로 먼저 갈 수도 있고,
어쩌다 보니 연락이 뜸해지는 지인도 있습니다.

하지만 그렇다고
너무 슬퍼하지 마세요.
왜냐하면 하나의 인연의 문이 닫히면
새로운 인연의 문이 놀랍게도 또 열립니다.

어떤 사람은 우리 삶 속으로 들어와 잠시 머물다 그냥 떠나지만
어떤 사람은 잠시 머무는 동안, 우리 삶을 크게 변화시키는
아름다운 발자국을 가슴속에 남겨놓고 떠난다.
-플라비아 위즈

아이에게 해줄 수 있는 부모의 가장 큰 선물은
부모 스스로가 행복한 것입니다.
부모가 행복하면
아이는 자존감이 높은 어른으로 성장할 수 있어요.
반대로 부모가 삶에 만족하지 못하면
아이는 자기가 무엇을 해도 부모님을 기쁘게 할 수 없는
무가치한 사람이라고 느낄 수 있습니다.

아이들을 위해 내 삶을 희생했는데 아이들이 고마워하기는커녕
본인들은 자기 인생을 사는 것이 아니라
부모님이 원하는 인생을 살아주고 있다며 화를 냅니다.
아이들을 향한 지나친 집착을
희생이라고 착각하며 사는 것은 아닌지 돌아보세요.
또, 희생이라는 이름으로
아이들 스스로 배울 기회를 빼앗았던 건 아닌지 돌아보세요.

삶에는 내가 컨트롤할 수 없는 영역이 많지요.
자식이나 남편, 아내, 친척, 친구의 행복을 위해 기도해주고
관심 가져주고 사랑을 줄 수 있지만,
그들의 행복은 결국 그들에게 달려 있지
내가 원하는 대로 다 컨트롤할 수 있는 건 아닙니다.
할 수 있는 만큼 해주고 이제는 자기가 알아서 행동하고
책임질 수 있게 놔두세요. 아파도 봐야 면역력도 길러지잖아요.

무조건 대신 아파주려고 하는 것,
사랑하는 이에게 오히려 안 좋습니다.

제자를 너무 애지중지 아끼면 그 제자 망쳐요.
자식 교육 또한 마찬가지인 것 같아요.
그래서 엄청 공을 들인 첫째 아이보다 관심이 덜했던
둘째나 셋째 아이가 더 효도하고 더 잘되는 경우를 많이 봅니다.

•

사춘기 아이들이 부모님 말 잘 안 듣고 자기 고집만 부리고
자기 멋대로 하려고 하는 것, 지금 아이들의 의식이
독립된 한 명의 성인으로 성장 중이기 때문입니다.
지극히 정상이니 너무 걱정하지 마세요.

•

아이는 부모님을 존경하고 싶어 합니다.
어렵고 힘든 사람들을 보살핀다든가
소중한 가치를 지키려고 노력하는 모습을 보여주었을 때
부모님 말을 진정으로 따르고 존경하기 시작합니다.
부모에 대한 자긍심, 아이가 느끼도록 해주세요.

•

부모님들께서 우리 아이들에게 꼭 가르쳐주세요.
어떤 경우라도 나보다 약한 친구에게
욕설이나 폭력을 가하는 것은 절대로 허용될 수 없다고요.
친구가 아파하는 것을 보고 즐거워하는 것은 악이라고요.
내 아이가 올곧게 자라길 바란다면 그런 잘못은 용납하지 마세요.

●

억압적이고 폭력적인 관계에서
나를 보호할 수 있는 사람은 나밖에 없습니다.
나에게 항상 상처를 주는 관계라면
경계선을 명확하게 그리고 좀 멀리하세요.
거리를 두다 보면, 내 내면의 소리가 들리면서 점점 강해집니다.
상황에 질질 끌려다니면서
나를 너무 오랫동안 아프게 버려두지 마세요.

●

상담을 하다 보면 젊은 분들이 부모님과의 관계 때문에 힘들어하는 경우를 자주 봅니다. 엄마, 아버지를 아주 미워하면서도 사랑하는 이중적인 마음 때문에 힘들다면, 그것을 부정하지 말고 있는 그대로 받아들여 보세요. 사랑하면서 미워할 수 있어요.

●

자식은 부모님의 성격이나 가치관,
행동방식이나 부부 관계를 변화시키기 어려워요.
자식이 봤을 때 나이 드신 부모님의 행동이나 생각에
문제가 있다고 여겨져도 그것은 자식의 권한도, 책임도 아닙니다.
부모님 때문에 너무 힘들어하지 마세요.

자라면서 부모님에게 자주 거절당하고 관심받지 못한 경우엔 못 받았던 사랑과 관심을 배우자로부터 보상받으려는 심리가 작용할 수 있습니다. 그러다 배우자가 좀 무심하게 대하면 어렸을 때의 상처가 올라오면서 크게 싸울 수 있어요.

그런데 사실 문제는 배우자가 아니고 내가 껴안고 있는 내 안의 상처입니다. 이 상처를 다른 사람에게 투사하면서 싸움을 걸지 말고요, 자존심 내려놓고 솔직하게 말해보세요. 내 부모가 그랬듯 당신도 나를 거절하고 떠날까 봐 무섭다고요.

아팠던 기억, 인정받으려는 욕망, 괜한 자존심이 결합하면 관계는 엉망이 될 수 있습니다.

오랫동안 같이했으니까 표현을 안 해도
그냥 다 알겠지 하면
그냥 다 모릅니다.

삶의 태도. oil on canvas, 33.4×53, 2015

아버지를 이해한다는 것에 대해

나는 분명 아버지에게 화를 내고 있었다.

"아버지, 진즉에 말씀드렸듯이 병원에 가시지 왜 계속 미루기만 하셨어요?"

나도 모르게 짜증이 났다. 그리고 그런 식으로 아버지에게 말하는 내가 싫었다. 상황은 이랬다. 작년 봉암사 가을 안거 수행을 마치고 잠시 속가 부모님 댁에 들렀을 때 평소보다 많이 여윈 아버지 모습을 보게 되었다. 살이 빠진 특별한 이유가 있는지 여쭈어보니 아무런 이유가 없으시단다. 소화가 되지 않아 소화제를 종종 드신다는 말씀을 듣고 나니 혹시 위암이 아닌가 하는 걱정이 불현듯 들었다. 위암 초기 증상이 살이 빠지는 거라던데…. 그리고 할아버지가 위암으로 돌아가시지 않았던가.

하지만 나의 권유에도 불구하고 아버지는 지난가을 위내시경 검사를 끝끝내 하지 않으셨다. 자기 몸은 괜찮으니 혜민 스님 몸 건강이나 잘 챙기라고 당부하셨다. 당신은 중요하지 않은 사람이지만 아들인 혜민 스님은 앞으로 세상 사람들을 위해 좋은 일을 많이 해야 하니 건강을 잘 챙겨야 한다고…. 그리고 살갗을 에는 추운 겨울이 돌아와 다시 뵙게 된 아버지는 감기와 비염으로 한 달 넘게 고생 중이셨다. 이번에는 아버지도 당신 몸에 뭔가 이상이 있다고 느끼셨는지 먼저 위내시경 검사를 하겠다고 말씀하셨다. 그 말을 듣고 있으니 가슴이 철렁하면서 나도 모르게 아버지께 화가 났다. 왜 당신의 몸을 귀중하게 여기지 않으시는지. 왜 자기 스스로는 별로 중요한 사람이 아니라고 자꾸 말씀하시는지. 왜 걱정하는 자식들 생각은 안 하시는 건지. 속상했다.

이런 감정은 비단 내게만 일어나는 것은 아닌 듯했다. 내게 고민을 털어놓는 여러 사람들과 이야기를 하다 보면 일반적으로 자식들은 어머니와의 관계와는 달리 아버지와의 관계에서 더 복잡한 감정과 어려움을 겪는 듯했다. 특히 딸보단 아들의 경우에 더 그랬다. 그 이유로는 여러 가지가 있겠지만 굳이 나눠보자면 대략 다섯 가지 유형이 보였다.

첫 번째는 아버지가 어린 자녀들에게 애정 표현을 잘 하지 않으며 지나치게 가부장적이거나 화를 자주 냈던 경우다. 이런 경우 아버지는 자녀들에게 감히 넘지 못하는 두려운 산 같은 존재가 된다.

어린 시절 무섭고 권위적인 아버지의 그림자에 줄곧 압도당했던 자녀들은 어른이 되어서도 아버지와의 관계가 불편하고 같이 있어도 할 말이 없다.

두 번째는 아버지가 특별한 경제활동을 하지 않거나 외도를 해서 어머니를 힘들게 한 경우다. 살면서 어머니가 힘들어하는 모습을 지켜본 아이들은 어머니에 대한 연민, 그리고 아버지에 대한 분노와 상처로 마음이 얼룩져 있다. 눌러놓은 감정들을 제대로 아버지에게 표현하지 못한 경우 성년이 되어서도 아버지가 그냥 싫고 피하고 싶다.

세 번째는 아버지가 열심히 노력해서 자수성가하신 경우, 그래서 자녀에 대한 기대치가 높았던 경우다. 어려움을 극복해낸 아버지의 눈에는 자녀들이 웬만큼 공부를 잘해도, 열심히 노력해도 성에 차지 않는다. 그래서 아버지의 인정에 목이 마른 자녀들은 성인이 되어서도 늘 불안하고 쉬지 못한다. 왜냐하면 나는 존재 자체만으로도 사랑받을 만하다고 느끼는 것이 아니라 뭔가를 잘하고 성취했을 때만 사랑받을 만하다고 느끼기 때문이다. 좋은 학벌을 가지고 좋은 직장을 다니면서도 자존감이 낮은 젊은이들을 곧잘 만나는데, 이들과 대화해보면 이런 경우가 많다.

네 번째는 반대로, 평범한 집안에서 태어난 아이가 매우 뛰어나고 사회적으로 크게 성공한 경우다. 모두가 그런 것은 아니지만 이런 경우 자녀는 아버지의 간섭을 싫어하고 아버지를 좀 답답하다고 느낀다. 어떻게 가야 되는지 자신은 앞이 훤히 보인다고 생각하는데 아버지는 그것을 못 쫓아간다는 생각이 든다.

그리고 마지막 다섯 번째 유형은 어렸을 때 아버지를 잃은 경우다. 이 경우 아이는 돌아가신 아버지를 끊임없이 그리워하면서 늘 마음 한구석에 허전함을 느낀다. 어른이 되어서도 아버지는 좋은 영웅의 모습으로 기억되기도 하고 아버지와 같은 스승이나 멘토에게 끌리는 경우가 많다.

아버지가 왜 자꾸 당신은 중요한 사람이 아니라고 말씀하시는지, 그래서 당신의 몸을 소중하게 여기지 않으시는지 이해해보고 싶었다. 사람들과 대화할 때 상대를 이해해보려 노력하듯 아버지를 깊이 들여다보았다. 아버지를 아버지가 아닌 한 사람으로 바라본 처음의 시도였다. 그랬더니 내 할아버지로부터 특별한 관심이나 사랑을 받지 못했던 한 소년이 보였다. 둘째 아들이었던 아버지는 한국전쟁 당시 할아버지가 자기와 엄마는 남겨둔 채 큰아들만 데리고 먼저 피란을 떠난 아픈 기억이 있다. 계란 프라이 같은 귀한 반찬이 생기면 항상 큰아들 위주였다. 그리고 할아버지는 옛어른들이 그렇듯 가부장적이고 애정 표현이 없는 무뚝뚝한 분이셨다. 아버지와 형의 그림자에 가려져 있던 그 소년은 자신이 얼마나 소중한 존재인지 잘 느끼지 못한다. 가까운 가족에게조차 늘 배려와 양보만 해왔던 그 소년은 이제 할아버지 나이가 되어서도 자신을 낮은 사람, 중요하지 않은 존재로 생각한다. 갑자기 나도 모르게 눈시울이 붉어졌다.

내시경 검사가 끝난 후 아버지는 전화를 주셨다. 결과가 다행히 위암까지는 아니라는 소식을 전하셨다. 그러곤 잠시 머뭇거리시다 갑자기 "우리 아들 사랑한다."는 말씀을 하셨다. 아버지께 처음 들어보는 말이었다. 순간 가슴속에서 뜨거운 것이 올라왔다. 이 글을 읽고 계실 아버지께 말씀드리고 싶다.

"아버지, 저도 아버지 사랑해요. 그리고 이렇게 긍정적이고 자존감 높은 아들로 키워주셔서 정말로 고마워요."

그대 내 맘에 들어오면. oil on canvas, 27.3×45.5, 2015

●

자존감이 바닥을 쳤을 때 기억해요.
"나는 내 가족이나 친구에겐 여전히 소중한 존재입니다.
나는 사회에 많은 선한 영향을 줄 수 있으며
내 존재 가치는 어느 몇 사람의 평가로 좌우되지 않습니다.
시간이 좀 걸리더라도 나를 아껴주고 내 능력을 믿고 지켜봐 줄
사람들을 만날 수 있을 것이라 믿습니다."

●

사랑한다면
내가 봤을 때 그 사람에게 필요한 것을 해주는 것이 아니라,
그 사람 본인이 원하는 것을 해주세요.
내가 봤을 때 그 사람에게 필요한 것을 해주는 것은
미묘하지만 그 사람을 내 마음대로
조종하고 싶어 하는 의도가 들어 있을 수 있어요.

조금만 잘 계획하면 내 곁에 있는 사람을 돌보면서도
내 스스로의 행복도 가꾸어나갈 수 있어요.
나를 무조건 희생하는 것은 내가 돌보는 사람에게도
길게 봤을 땐 좋지 않습니다.
내가 행복해야 그 사람도 오랫동안 잘 돌볼 수 있습니다.

남편, 부인, 자식이 살이 쪄서 걱정이세요?
사랑하는 가족을 다이어트 시키는 가장 좋은 방법은
바로 내가 운동을 정기적으로 하는 것이라고 합니다.
내가 시작하면 함께 운동할 확률이 매우 높아집니다.

할 수 있는 만큼 해주었는데도 상대의 반응이 시큰둥하거나
반대로 더 많은 것을 요구한다고
내가 어쩔 줄 몰라 할 필요가 없어요.
내가 할 만큼 다 했으면 놓으세요.
정말로 필요하면 저쪽에서 내가 해준 것을 바탕으로
본인이 알아서 하게 되어 있습니다.

상대방을 정신 차리게 한다는 이유로
협박으로 들릴 수도 있는 말을 하는 경우가 있습니다.
내가 원하는 것을 해주지 않으면 네가 지금 누리고 있는 뭔가를
빼앗아간다거나, 앞으로 내가 다르게 대할 거라는 식으로요.
특히 가족 간이나 직장 안에서 이런 말을 하는 경우가 있는데요,
잘못하면 그런 말은 변화 동기를 유발하기는커녕
상대에게 큰 반발과 상처만 남길 수 있습니다.

협박이나 마지막 통보처럼 들리는 말보다는
왜 이 일이 중요한지 차분하게 설명해보세요.
강요로 마지못해 하는 것이 아니고
스스로 납득되어 변화할 때 그것이 오래갑니다.

오늘 기억에 남는 명언.
"스님 경제적으로 여유가 생기니까
그저 그랬던 형제간의 우애도 좋아지데요."
그렇습니다. 돈은 잘 벌어서 나누어 잘 쓰면 돼요.

우리나라의 많은 가정 문제는
시어머니가 아들과 며느리 사이를,
부인이 남편과 시부모 사이를
남편이 부인과 처갓집 사이를,
시누이가 오빠와 올케 사이를
떨어뜨려 놓으려는 부질없는 노력에서 시작된다.

아무리 가까운 가족, 친척 사이라 하더라도
할 말과 하지 말아야 할 말들이 있어요.
특히 명절날 오랜만에 본 조카들에게
"왜 아직 결혼하지 않느냐?" "왜 애가 없느냐?"
"왜 취직 못 했느냐?" "왜 살 안 빼느냐?"
"왜 다니던 직장 그만뒀느냐?" 등의 말들은 좀 참아주세요.

같은 뿌리에서 나온 나뭇가지 중에는 열매가 많이 맺힌 건강하고 아름다운 가지가 있는가 하면, 열매가 작고 왜소한 가지도 있습니다. 어찌 보면 건강한 가지는 빈약한 가지로 가야 할 영양분을 본인이 더 받아서 건강해진 것일 수도 있어요.

이처럼 형제 안에서도 보면 머리가 좋고 성공하는 형제가 있는가 하면, 가난해서 형제들의 돈을 뜯어가는 형제가 있습니다. 빼앗긴다고 생각하면 잠을 못 이루지만 내가 건강한 가지가 된 데에는 빈약한 형제가지의 희생과 양보가 있었다는 점을 생각해보면 조금은 내 억울한 마음을 내려놓을 수가 있습니다.

– 고미숙

우리는 가까운 사람에게 더 짜증을 냅니다.
이럴 때 같이 짜증을 내면 싸움밖에 되지 않습니다.
짜증 내는 사람은 지금 본인이 힘든 것을 알아달라고,
같이 공감해달라는 의미에서 내는 짜증일 수 있어요.
상황이 나아지면 짜증 낸 거 곧 미안해합니다.

욱하는 마음이 일어날 때 가족을 생각하세요.
한 번 참으면 본인을 사랑하는 사람들이 편안해집니다.

비행기나 기차 안에서 아이들이 울거나 떠들면
나도 모르게 짜증이 나면서 그 부모가 원망스러운 마음이 들지요.
이럴 때 그 우는 아이가 내 조카나 손자, 손녀라고 생각해보세요.
남이라는 생각이 들면 내가 입는 피해에 집중하지만
내 가족이라는 생각을 하면 그 아이가 지금 어디가 불편한가,
아픈 건 아닌가 하는 자비한 마음이 올라옵니다.

조언이나 충고, 내 나름의 해석 없이
따뜻하게 들어주기만 하는 것,
내가 곧 상대편이라고 느낄 수 있도록 공감해주는 것,
피하지 않고 같이 그 이야기를 견뎌주는 것,
그것이
내 아이를, 아내를, 남편을, 친구를 치유하는 방법입니다.

머리를 베개에 얹고 잠들기 전,
오늘 하루 고마웠던 사람이나 감사했던 일
딱 세 가지만 떠올려보세요.

세 달만 이렇게 하시면
삶의 행복도와 만족도가 확실히 증가한다고 합니다.
행복한 마음은
연습을 필요로 합니다.

뭐든 온전히 관심을 가지고 반복해서
여러 번 자세히 보면 예쁘고 좋아 보여요.
마치 익숙한 내 아이의 모습이
세상에서 제일 사랑스러워 보이는 것처럼
내가 관심을 자꾸 주면
그 대상이 무엇이 되었든 간에 예쁘고 좋아 보여요.

길거리에 버려진 고양이라도
내가 데리고 와 집에서 키우기 시작하면
얼마 있지 않아 세상에서 가장 정이 가는 고양이가 됩니다.

사랑은 사랑하는 이유 말고
다른 아무런 이유가 없습니다.

자비의 눈빛과 마주하기

치유篇

6

지금 나의 아픔이
다른 사람을 향한 내 안의 자비심을
일깨우는 기회가 되기를.

내 아픔을 통해서
다른 사람들의 아픔도 보듬어줄 수 있는
아량이 넓어지기를.

내 아픔이 빨리 치유되길 바라듯
다른 사람의 아픔도 하루빨리 나아지기를.

사뿐사뿐. oil on canvas, 72×39, 2011

용서하기 힘든 사람을 만났을 때

우리는 살다 보면 도저히 용서할 수 없을 것 같은 사람을 만나기도 한다. 미움과 분노를 가슴속에 담고 사는 것보다 용서하는 편이 좋다는 것은 알지만, 그건 말이 그렇다는 것이고 현실은 또 그게 아니다. 어떻게 나를 심하게 비방하고 나에게 상처와 모욕감을 준 사람을 그리 쉽게 용서할 수 있겠는가. 온갖 거짓말을 하고도 저렇게 아무 일 없었다는 듯 연극을 하는 그 사람을 볼 때마다, 혹은 자신의 위치를 이용해서 내가 힘없는 사람이라고 함부로 무시하고 짓밟던 그 사람이 생각날 때마다, 우리의 상처가 너무도 깊어서 몸과 마음이 만신창이가 된 것 같은 순간들이 있다.

이럴 때 상처 준 그 사람을 섣불리 용서하려고 해서는 안 된다. 물론 용서하려는 마음이 올라오지도 않겠지만 마음의 깊은 상처를 치유하는 첫걸음은 치솟는 분노의 감정을 있는 그대로 인정하고 받아들이는 것이다. 상처가 깊을 때 상처를 준 사람을 향한 분노와 미움은 손상된 자아가 그 사람과의 경계선을 명확하게 긋고 스스로를 보호하려고 일으키는 지혜로운 감정이다. 분노는 일종의 보호 장벽과도 같아서 깨지고 부서진 자아의 상처가 어느 정도 아물고 회복될 때까지 나름의 역할을 한다. 그 분노를 빨리 내려놓으라고 옆에서 자꾸 종용하는 것은 잘못하면 그 사람을 다시 상처로 내모는 결과를 가져올 수 있다.

하지만 상처를 입은 지 오랜 시간이 흘렀음에도 불구하고 그 기억을 다람쥐 쳇바퀴 돌리듯 떠올리며 자기 스스로를 희생자라는 틀 안에 가두는 것은 좀 문제가 있다. 상처의 기억을 되살릴수록 힘없이 바보처럼 당하기만 했던 본인 스스로가 싫어지고, 마음은 지금 현재를 놓치고 우울한 과거 속에서 분노와 함께 허우적거리기 때문이다. 이럴 때 머리로는 용서하고 털어내자고 결심을 해도 우리의 가슴은 좀처럼 열리지 않는다. 또한 구체적으로 어떻게 해야 용서를 할 수 있는지 어디에서도 배운 바가 없기 때문에 머리와 가슴은 완전히 따로 놀아 더 괴로워지기만 한다.

지난 한 주를 마무리하는 일요일 저녁, 아주 오랜만에 어릴 적 친했던 동창 한 명을 만났다. 내가 스님이 된 것을 뒤늦게 알았다며 연락을 해온 친구는 서로의 삶에 집중했던 시간의 간극 탓인지 처음에는 살짝 어색해했지만 이내 어렸을 때 모습으로 돌아가 허물없이 이야기를 나눴다. 그 친구 역시 나처럼 가난한 어린 시절을 보냈지만 누구보다도 열심이던 친구였다. 공부만 잘했던 것이 아니라 운동도 열심, 음악도 열심, 반 학생들 사이에서 리더십도 좋은 친구였다. 어른이 된 친구는 좋은 대학교를 나와 대기업에 들어가 일을 배우고 지금은 본격적으로 자신의 사업체를 꾸리고 있었다. 주변 사람들로부터 인정받을 만한 성공한 케이스였다.

저녁 식사를 마칠 즈음, 그 친구는 한참을 기다렸다는 듯 나에게 불쑥 이런 말을 했다. "혜민 스님, 나 좀 치유해줘. 최근 들어 좀 마음이 우울하고 별로 하고 싶은 일이 없어. 그냥 좀 힘드네." 열심히 살고 성공한 그 친구의 어깨는 축 처져 있었고 얼굴은 어렸을 적 소년의 모습을 하고 있었다. 그 친구의 집안 사정을 알던 터라 조심스럽게 이야기를 꺼냈다. "어렸을 때부터 지금까지 그렇게 열심히 살았던 거, 왜 그렇게 살았던 것 같아?" 그러자 처음엔 가장으로서의 의무를 이야기하다, 계속되는 나의 질문에 어렸을 때 이야기로 옮겨갔다.

"사실, 우리 집 형편이 좀 어려웠잖아. 내가 열심히 살지 않으면 엄마가 계속해서 힘들게 사셔야 할 것 같아서 그랬던 것 같아." 나는 계속해서 질문했다. "그런데 그게 다야? 단지 엄마를 편하게 해드리고 싶어서?" 그러자 친구의 얼굴이 어두워져 갔다. 스스로도 당혹스러워하는 기색이 역력했다. "사실 가난하고 못 배웠다고 우리 엄마를 항상 무시하던 큰고모를 미워했던 거 같아. 그래서 내가 사촌들보다 더 공부도 잘하고 성공한 모습을 보여주고 싶었던 것 같아."

"그랬구나. 엄마가 큰고모한테 무시당하는 모습을 볼 때마다 큰 상처가 되었겠구나. 나라도 그런 큰고모가 밉고 분했을 것 같아. 자, 그러면 지금부터 내 말대로 해봐. 지금 네 앞에 어머니와 어린 너에게 상처 주었던 큰고모가 있다고 상상해봐. 그리고 어렸을 때 상처받았던 어린아이로 돌아가서 큰고모에게 하고 싶은 말을 해보는 거야. 어른이 하는 고상한 말들 말고 열 살짜리 꼬마아이들이 하는 말로 말이야. 도덕적 잣대는 잠시 접어두고 그냥 하고 싶은 말, 정말 내 속에서 올라오는 말. 있는 그대로 막 하는 거야."

용서하겠다는 머릿속의 결심을 가슴으로 이끌어주는 중요한 통로는 다름 아닌 분노와 미움의 감정이다. 그 사람을 생각할 때마다 일어나는 분노와 미움을 부정하거나, 혹은 자각 없이 그 감정 안에 빠져 지내는 것이 아니고, 내 안에서 올라오는 감정을 허락하고 지켜보는 것이다. 그러기 위해선 억눌러왔던 분노와 미움을 만나는 것이 첫 번째 과정이다. 오랫동안 억눌렀던 감정들이 올라올 때 그 감정들에 취해 허우적거리는 것이 아니고 분노와 미움의 에너지가 몸 안을 무대 삼아 어떤 모양으로 일어나는지 따뜻한 자비의 눈빛으로 지켜보는 것이다. 마치 사랑하는 아이의 마음 상태를 엄마가 지켜보듯 내 감정을 그렇게 보는 것이다. 그러면 신기한 일이 일어난다. 내 안의 분노와 미움을 따뜻하게 보고 있으면 양파가 껍질을 한 겹씩 벗듯 더 깊은 곳에 자리한 감정의 속모양이 드러난다. 나 같은 경우엔 분노 바로 아래에 슬픔과 비통함이 자리하고 있음을 느낄 수 있었고, 더 따뜻하게 지켜보니 또 그 아래에는 단절에 따른 외로움과 공포가 더 깊은 원인이었음을 알 수 있었다. 이렇게 나를 향한 자비의 눈길로 먼저 내 감정들을 지켜보다 보면 신기하게도 굳었던 내 마음이 점점 녹으면서 열리기 시작한다.

그러고 난 후 그 자비의 눈길을 이번에는 내게 상처 준 상대에게 향해보는 것이다. 도대체 그 사람은 어떤 아픔이 있었기에 나에게 그렇게밖에 행동할 수 없었는지 보는 것이다. 하지만 그렇게 본다고 해서 그 사람이 나에게 잘못했던 것들을 없었던 일로 하려고, 면죄부를 주기 위해 보는 것은 아니다. 용서의 목적은 과거 상처에 얽매여 힘든 내 감정의 족쇄를 스스로 풀어주기 위해서 하는 것이다. 즉, 상대를 위해서 하는 것이 아니라, 철저하게 내가 내 안의 상처와 응어리로부터 자유로워지자고 하는 것이다. 그 자유로움을 얻기 위해서는 그 사람을 이해하는 것이 결정적인 역할을 한다.

내 마음이 열렸을 때 관찰의 눈길로 그를 이해하기 위해 바라보면 놀랍게도 전에 느낄 수 없었던 것들이 보이기 시작한다. 예를 들어 상처를 준 사람도 사실 어렸을 때부터 상처가 많았던 사람이라는 점이 보이기 시작하고, 나를 무시하고 으스대던 그 모습 바로 아래에는 그도 역시 남들로부터 외모나 학력, 가난 때문에 과거에 무시당하고 상처받은 영혼이라는 점이 보인다. 어떤 경우에는 나와 똑같이 삶이 외로워서, 아니면 나이 드는 것이 서럽고 불안해서 저러는구나 하는 것이 보인다. 이러한 깊은 진실과 마주하다 보면 나도 모르게 마음이 좀 누그러지고 편안해진다. 그 상태에서 불안하고 외로운 다른 모든 사람들을 생각해보면 내 아픔과도 별반 다르지 않다고 느껴지면서, 내 안의 비통함은 나를 포함한 세상 모든 사람들을 향한 자비함으로 전환되게 된다.

내면의 소리를 밖으로 꺼내보라는 내 이야기에 한참 동안 침묵하던 친구는 이내 허공에 대고 큰 소리로 울부짖으며 억눌러왔던 분노를 표현하기 시작했다. 그러고는 어린아이처럼 내 어깨에 얼굴을 묻고 엉엉 울었다. 얼마나 서러웠으면, 얼마나 힘이 들었으면. 나도 같이 눈물이 나왔다. 한참을 울고 난 후 좀 진정이 됐는지 그 친구는 나에게 말했다. "그랬구나. 내가 이렇게 아등바등 살았던 거, 큰고모한테 복수하고 싶고 또 한편으로는 인정받고 싶어서 그랬던 거구나. 그런데 작년에 큰고모가 갑자기 돌아가시고 나서 그 목표가 사라지고 나니 내가 지금 이렇게 마음이 텅 빈 거 같은 거였구나."

며칠 후 친구에게 이메일이 왔다. 친구는 고맙다는 말과 함께 본인 마음이 많이 편안해졌다고 했다. 그리고 덧붙였다.

'이제야 비로소 난 큰고모를 용서하고 잊을 수 있을 것 같아. 집에 돌아와 혜민 스님이 하라는 대로 큰고모는 어떤 아픔이 있었을까 하고 보니까 큰고모 삶도 불행했던 것 같다는 생각이 들어. 고모부가 성공은 했지만 매번 바람을 피웠고 또 고모도 시집살이를 아주 심하게 하셨다고 들었어. 고모도 행복하셨다면 우리 엄마에게 그렇게 하지는 않으셨을 것 같다는 생각이 들어. 이젠 나도 나를 힘들게 했던 과거와 화해하고 지금부터는 내 삶을 살 수 있을 것 같아.'

우리 안에는 분노와 미움, 슬픔과 비통함, 외로움과 공포만이 있는 것이 아니다. 그 내면의 감정들을 따뜻하게 지켜보는 자비한 마음의 눈이 있다. 용서가 안 되는 사람을 만났을 때, 그래서 삶이 너무 힘들다고 느껴질 때, 부디 내 안의 그 자비한 눈빛과 마주하시길 깊이 소망한다.

신의 정원. oil on canvas, 80.3×116.8, 2013

거칠고 사나운 사람도
그 폭력적인 성품 바로 아래에는 공포가 있고요,
그 공포 아래에는 어렸을 때 받은 깊은 상처와 연약함이 있습니다.
겉만 보지 마시고 그 연약함과 상처까지 봐주세요.
거기에서부터 연민과 이해, 용서가 가능해져요.

그 사람을 진정으로 이해했다는 말은
그 사람을 용서했다는 말과도 같습니다.
-틱낫한 스님

아무리 미움받을 만한 사람을 미워해도
그 미움은 나를 먼저 불행하게 만듭니다.
미움의 골이 깊어질수록
내가 마치 지옥 안에 갇힌 것처럼 느껴져요.
마음을 바꿔먹자고 결심해보세요.
그 누구도 아닌, 나를 위해서라도….

"스님, 제가 미안하다고 사과를 했는데도 그 사람이 마음을 풀지 않고 있습니다. 제가 가서 무릎 꿇고 빌기라도 해야 할까요?"

그냥 말 몇 마디로 사과한다고 해서 마음이 바로 풀리지 않습니다. 왜냐하면 그 사람은 나 때문에 꽤 오래 고통의 시간을 보냈기 때문에 한두 차례 사과의 말로 없었던 일이 될 수가 없어요. 그래서 정말로 미안하면 여러 번 반복해서 사과를 진정성 있게 하셔야 합니다. 그냥 말 한마디로 하는 거, 상대방이 봤을 때 본인이 당한 고통에 비해 너무도 쉬워 보입니다.

나에게 못되게 구는 사람,
가만히 보면 나에게만 그러는 게 아니라
나와 비슷한 처지에 있는 모든 사람들에게 그런다.
즉 그게 그 사람의 타고난 못된 성깔인 것이다.
그러니 그 사람의 말과 행동에 대해
너무 깊이 생각하면서 상처받지 말기를….

●

다른 사람이 나에게 상처 되는 말을 했을 때
정말로 내 잘못 때문에 그런 것인지,
아니면 그 사람이 다른 사람한테 스트레스받아서,
혹은 예전의 상처 때문에 그런 것인지를 분간하세요.
그 사람이 다른 곳에서 받은 스트레스, 상처까지
내 잘못이라고 돌릴 필요는 없습니다.

●

지금 스트레스가 많고 힘든 이유가
혹시 내 마음 안에 너무 많은 다른 사람의 말이나 생각이
들어와 있어서 그런 건 아닌지 한번 살펴보세요.
단식을 하듯 며칠간 전화와 인터넷을 끊고
내 몸과 마음에 귀 기울여보세요.
내 마음이 정상적인 컨디션으로 돌아옵니다.

●

책상이고 방바닥이고 잡동사니가
너저분하게 널려 있으면 다른 잡동사니를 불러요.
물론 일의 능률도 오르지 않고요.
나갔다 오면 귀찮더라도 입었던 옷을 옷장 속에 넣으세요.

친구는 그랬다. 한국으로 온 이후
정신 건강을 위해 담배를 끊는 사람처럼
모든 뉴스를 끊었다고. 그랬더니
진짜로 마음이 산만하지 않고 편해졌단다.
우리는 우리가 몰라도 되는 자극적인 사건, 사고 뉴스를
인스턴트식품처럼 소비하고 또 바로 버린다.

가끔씩 혼자 조용히 있을 때 느끼는 마음의 고요는
마음에 주는 약과도 같습니다.
홀로 조용히 있을 때
자신의 중심을 되찾으며 내 안의 신성과 만날 수 있습니다.
고요함의 약을 스스로에게 처방하세요.

●

삶 속의 아픔은 치유의 대상이지 극복의 대상이 아닙니다.
부정하면 할수록, 잊으려 하면 할수록
더 생각나고 더 올라옵니다.
부정하거나 저항하지 말고 있는 그 상처를 따뜻하게 바라봐주세요.
바라보면, 아픔 뒤에 배경처럼 서 있는 사랑이 느껴져요.

●

다른 사람의 고통이 치유가 되었으면 하는 선한 마음은
내 마음의 고통부터 치유합니다.
가족, 선후배, 지나가는 학생, 길 가다 보는 사람들이
진정으로 잘되기를 바라는 마음을 내보세요.
부처가 자비행을 하는 것이 아니고
자비한 마음이 바로 부처입니다.

●

오늘 내 기분이 그런 거지,

내 인생이 그런 것은 절대로 아니에요.

다운된 이 기분,

잠 잘 자고 나면 좋아져요. 토닥토닥….

●

마음의 상처는

아름다움이나 유머를 만났을 때 치유되기도 합니다.

아름다운 자연 속에서 몸을 움직이면서 생각이 쉴 때,

멋있는 예술 작품을 보면서 닫혔던 감성의 문이 열릴 때,

유머 있는 사람을 만나서 마음이 밝아지고 편안해짐을 느낄 때,

마음은 아름다움과 유머를 통해

다시 온전한 본래 상태로 돌아가게 됩니다.

장작에 불을 지피려면 장작과 장작 사이에
빈 공간이 있어야 합니다.
장작들을 빈 공간 없이 너무 촘촘하게 붙여놓으면
숨 쉴 공간이 없어 불이 잘 붙지 않습니다.

우리 삶도 이처럼 쉼의 공간, 비움의 시간이 없으면
아무리 귀한 것들로 가득 채웠다 하더라도
그것들을 전혀 누리지 못하게 됩니다.

귀한 삶의 완성은 우리가 귀하다고 여기는 것들보다
비어 있는 쉼의 공간이 만들어줍니다.

어디를 가야 할 때 10분만 일찍 나오세요.
집을 나서는 발걸음에 여유가 있고 걷는 것을 즐길 수가 있어요.
마찬가지로 밥을 먹을 때도 5분만 더 천천히 드셔보세요.
음식의 맛을 온전히 느낄 수가 있고 위에도 부담이 없어요.
5분, 10분의 여유가 삶의 질을 크게 좌우합니다.

집 안에 비슷한 용도의 물건이 여러 개 있다면
그중 가장 좋은 것 하나만 남겨놓고 나머지는 정리해보세요.
집 안에 너무 많은 물건들이 있으면 내가 물건들을
소유하는 것이 아니고, 물건들이 나를 소유하게 됩니다.
정리된 빈 공간이야말로 내 마음을 편하게 하는
최고의 럭셔리입니다.

오랫동안 쓰지 않은 물건을 하루에 두세 개씩만 정리해보세요.
유통기한 지난 음식, 약, 화장품,
5년이 지나도 한 번도 입지 않는 옷, 다시 볼 일 없는 책,
고장 난 가구, 공짜라고 가져왔다가 공간만 차지하는 물건들….
버리고 나면 얻는 것이 있어요.
우선 정리된 공간이 주는 편안함이 있고요.
그리고 소중한 물건들만 남아 볼 때마다
그것들이 기분을 좋게 합니다.

스님,
마음이 울적해요

빈도의 차이는 있어도 사람이라면 누구나 살면서 우울함을 경험합니다. 우리 인생에 항상 즐거운 일만 있으면 참 좋겠지만, 나이 들어 병들고 죽는 것이 한 세트로 포함되어 있기 때문에 슬프고 힘든 일이 찾아올 때마다 우울한 느낌이 올라오는 건 어찌 보면 당연합니다.

가까이 제 삶만 들여다봐도 우울한 느낌은 잊을 만하면 찾아오는 손님과도 같았어요. 제가 열심히 노력했던 것에 비해 결과가 좋지 않아서 낙심했을 때, 사람들과의 관계에서 내가 어찌할 수 없는 오해나 충돌이 연속으로 일어났을 때, 사람들이 나에 대해 사실과 다른 말을 하고 있다는 사실을 알았을 때, 우울한 느낌이 스멀스멀 찾아왔습니다. 더불어 믿었던 사람이 배신을 하거나, 아니면 지금의 힘든 상황에서 도저히 빠져나갈 희망이 없다고 느꼈을 때도 우울한 손님은 제 마음의 문을 사정없이 두드렸습니다.

가끔씩 찾아오는 정도의 우울한 느낌이 아니고 오랫동안 지속돼온 우울증 상태에 계신 분들이 마음치유학교를 찾아오시면 일단 꼭 병원 전문의를 찾아가라고 말씀을 드립니다. 특히 자살 충동이 있거나 잠을 거의 주무시지 못하는 분의 경우에는 전문의를 찾아가 상담받으시는 것이 맞습니다. 그런데 간혹가다 저에게 심각한 우울증 상황은 아니더라도 그냥 좀 마음이 울적할 때 어떻게 하면 좋겠는지 불교 심리학적 관점에서 묻는 분들이 계십니다. 우울한 상태라는 것에 어떤 속성이 있고 어떤 마음가짐을 가지면 도움이 되는지 위안의 말을 듣고 싶어 하시는 분들이지요.

먼저 우울한 마음이 들 때 제 마음을 자세히 들여다보니까 눈에 띄는 특징들이 발견되었습니다. 우선 우울한 느낌을 최초로 유발시키고 계속해서 그 느낌이 사라지지 않도록 지속시키는 에너지는 다름 아닌 '나의 반복적인 생각'이라는 사실입니다. 즉, 우리가 어떤 생각을 하느냐에 따라 우리의 느낌이나 감정이 좌지우지 됩니다. 긍정적인 생각을 하면 긍정적인 느낌이 생각과 함께 일어나고, 부정적인 생각을 하면 똑같이 부정적인 느낌이 생각을 좇아 같이 일어나요. 그리고 우울한 생각으로 만들어진 땔감을 마음의 화로 속에 계속해서 던져넣지 않으면 우울한 느낌은 얼마 지나지 않아 생각과 함께 사라집니다. 결국 우울한 느낌을 이해하려면 느낌을 일으키는 원인 제공자인 '생각'을 먼저 이해해야 해요.

생각이란, 몸의 안팎에서 일어나는 상황에 대해 내 마음이 만들어내는 일종의 견해예요. 사람은 하루에만 무려 1만 7,000번의 생각을 일으킨다고 하는데, 그 내용을 보면 주로 과거의 기억에 의지해서 비슷한 생각들이 습관화되어 도미노처럼 일어납니다. 그런데 문제는, 우리가 그 생각들을 대부분 알아채지 못하고 생각 속에 완전히 빠져버려 생각이 이끄는 대로 마음이 끌려다닌다는 사실입니다. 즉, 내 마음이 만들어낸 생각이지만 주객이 완전히 전도되어 마음이 생각을 부리는 것이 아니고, 생각이 내 마음을 종처럼 부리고 사는 것입니다. 더군다나 주로 무의식 속에서 생각들이 왔다 갔다 하기 때문에 그 생각들이 실제 사실인지 아니면 내 관점에서 본 단순한 견해인지 구분하지 못합니다. 그래서 마음에 올라온 생각이 곧 현실이라고 믿어버리게 되지요. 실제가 전혀 아닐 수도 있는데도 말입니다.

자, 이제 생각의 속성을 좀 알게 됐다면 마음가짐을 앞으로는 이렇게 해보면 좋을 것 같아요. 첫째, 우울한 생각이 떠오르면 그저 마음 하늘에 잠시 우울한 생각 구름이 하나 일어났을 뿐 내 인생 전체가 그런 것은 아니라는 점을 기억했으면 좋겠어요. 많은 정신적 문제는 생각과 나를 동일시하기 때문에 생겨나요. 하지만 생각이란 원래 끊임없이 변하는 상황 속에서 잠시 일어났다가 자기가 알아서 곧 사라지는 것일 뿐이에요. 우울한 생각이나 기억이 올라와도 한 발자국 떨어져서 '에고, 우울한 생각 구름 하나가 올라왔구나!' 하고 대수롭지 않게 여기면, 그 우울한 생각은 더 이상 지속되지 못하고 연료가 곧 바닥나 멈추게 됩니다. 깨어 있음 없이 생각과 나를 동일시하면서 붙잡고 늘어질 때, 우리는 우울함의 늪으로 빠져드는 것이에요.

둘째, 우울함을 겪고 있는 원인이 나를 잘 모르는 사람들이 나에 대해 이러쿵저러쿵하는 말들 때문이라면 한 가지만 이해했으면 좋겠어요. 그 사람이 나에 대해 이야기하는 것처럼 들리지만, 더 깊이 들여다보면 실제로는 나를 빗대어 자기 본인 심리상태를 이야기하는 것뿐이라는 사실을요. 예를 들어 가끔씩 SNS를 하다 보면 저에게 젊은 땡중이 묵언은 하지 않고 말을 많이 해서 문제라고 하시는 분이 있어요. 그런 이야기를 들으면 저도 처음에는 억울한 마음에 잠시 우울해지기도 했는데 한번은 그분이 평소에 어떻게 말을 하는지 살펴보니 다른 유명한 작가나 정치인, 스포츠 스타, 연예인 들에게도 하나같이 차마 입에 담을 수 없는 말들로 도배를 해놓으셨더라고요. 즉, 이건 제 문제가 아니고 그분 문제였어요. 이처럼 다른 사람의 불행한 심리상태까지 내 문제로 떠맡아 괴로워할 필요는 없는 것 같아요. 물론 그분이 행복해지셔서 그분 마음에서도 행복한 말이 나오길 기도할 수는 있겠지요.

셋째, 생각의 대부분은 극히 제한적인 내 경험의 관점에서 본 사견들이라는 사실을 명심해야 해요. 그런 사견들은 고정불변의 진실이 아니고 상황이 바뀌면 변하는 것이라 과거의 생각들이 지금도 꼭 그런 것은 아니라는 점이지요. 예를 들어 내 안에서 나에 대해 비판적이고 자존감을 깎아 먹는 과거의 생각들이 올라오면 너무 마음 쓰지 말고 마음을 그냥 지금 현재로 돌려 쉬세요. 특히 '숨'으로 돌아오면 아주 좋습니다. 숨은 항상 현재에서 쉬고 있기 때문에 숨이 들어오고 나감을 느껴보면 마음도 편안해지고 몸도 기분이 좋아져요. 그리고 숨을 느끼는 현재로 마음이 오면 생각이 멈춥니다. 왜냐면 지금 이 순간 현재를 생각할 수는 없기 때문입니다. 현재로 오면 생각이 없어요. 실제로 그런지 안 그런지 책을 잠시 내려놓고 숨을 깊이 들이마시면서 3분간만 느껴보세요. 숨으로만 돌아와도 우울한 마음은 한결 가벼워집니다.

지금 한번 숨을 느껴보세요.

깊게 들이마시고 내쉬고…

치유는 내가 느껴질 때 시작됩니다.

낮잠. oil on canvas, 53×40.9, 2011

우울한 느낌은 살다 보면 당연히 누구에게나 일어납니다.
그런데 조금 있으면 사라질 느낌에다
과거 우울했던 일을 회상해서 생각을 가져다 붙이면
느낌이 사라지지 못하고 생각 때문에 우울함이 계속해서 이어져요.
생각에 빠져 있지 말고 생각한다는 것을 알아채서
생각 밖으로 나오세요.

구름이 슬픔을 이겨내는 방식은
울 수 있을 때까지 우는 것입니다.
더 이상 울 수 없게 되면
지금까지 흘린 눈물의 무게만큼
구름은 가벼워져
슬픔을 자기 마음 하늘에서 보낼 수 있어요.
슬플 땐 구름처럼 좀 울어도 괜찮아요.

슬픈 일이 생겨 힘들다면,
슬픔을 부정하지 말고 그 슬픔의 한가운데로 걸어 들어가세요.
그리고 그 안에서 마음껏 슬퍼하세요.
그렇게 슬픔을 허락하고 한참을 울고 나면
그 끝이 보이기 시작합니다.

내 머리에서 떠오른다고 그 생각들이 다 사실은 아닙니다.
특히 내 상황이 좋지 않을 때 떠오르는 생각들을 다 믿지 마세요.
몸이 아프면 계속 이렇게 아플 것만 같고
수험생이면 계속해서 캄캄한 터널을 걸을 것만 같고
상실의 경험 때문이면 영원히 이렇게 힘들 것만 같아요.
하지만 절대로 영원한 것이 아닙니다.

마음에 고민이 많아 우울하고 힘들 때 머리를 들고 앞에 있는 사물을 아주 자세히 관찰해보세요. 사물을 보는 순간 생각의 진행이 멈추면서 조금 전 마음의 고민이 그냥 '생각 덩어리였구나.' 하는 깨달음이 있습니다. 생각들에게 너무 힘을 실어주지 말고 '고작 생각들이었어.' 하세요.

●

내 안에 외로움, 슬픔, 두려움과 같이 힘든 감정이 올라왔을 때,
내가 할 수 있는 가장 용감한 일은
그 감정들과 잠시 같이 있어 보는 것입니다.

텔레비전을 틀거나 친구에게 전화를 걸어 그 감정으로부터
도망가려 하지 말고 조용히 그 감정을 밖에서 들여다보세요.
들여다보면 나의 관심을 받은 감정은 그때부터 모습이 변화하거나,
아니면 들여다보는 침착함이 그 감정을 견딜 수 있게 만들어줍니다.

●

우리가 다른 사람들의 일에 지나치게 간섭하는 것은,
어쩌면 본인 안에 가지고 있는 공허함과 외로움을
마주하는 것이 두려워서일 수도 있습니다.

●

내가 부러워하는 사람도 알고 보면 '지옥 한 칸' 안에 살고 있어요.
다 가진 것 같아 보이는 사람 역시도 '지옥 한 칸'입니다.
보이는 것이 다가 아니에요.

우울증의 최초 원인을 찾아보면 놀랍게도
슬픔이 아니고 분노인 경우가 많습니다.
내 안에서 분노가 일어나는데
그 분노를 상대에게 표현하지 못하고
내 마음속으로 삭이다 보니까,
내 안에 갇힌 분노가 나를 치게 되지요.

내 감정을 내가 어떻게 하지 못하니까
어느 순간부터 무기력해지고
그것이 계속 진행되면 우울해지고요.
혹시 우울증으로 고생하신다면
내가 어떤 분노를 표현하지 못하고 있는지 들여다봐요.

내 문제만을 생각하면 그 문제들이 엄청 중요해 보이고
각별해 보여 자꾸 그쪽으로 생각하게 되고, 그러면 우울증도 와요.
반대로 남의 고통을 향해 자비한 마음을 내고 관심을 가지면
'다른 사람들의 고통에 비해 내 문제는 큰 게 아니었구나.' 하는
깨달음이 생깁니다.

삶의 무의미함과 짜증, 우울을 극복하는 좋은 약 중에 하나는
내가 남에게 베푸는 작은 친절입니다.
'좀 바빠도 오늘은 사람들에게 친절하게 대하자.'라는
의도를 내보세요.
그 선한 의도에서 나온 작은 행동들이
변화를 일으키는 단초가 됩니다.

행복을 돈이나 일의 성과에서 찾으려 하기보다는
지인들과의 따뜻한 만남 속에서 찾으려 해보세요.
돈이나 성과는 일정 목표가 달성되어도 곧 목표가 재설정되지요.
그래서 행복이 닿을 듯 말 듯 닿지 못하는 신기루가 됩니다.
반면 따뜻하고 끈끈한 만남은 미래가 아닌
지금 여기서 느낄 수 있어요.
삶이 가져다주는 행복과 슬픔을 공유할 수 있는 친구들을
많이 만들어놓는 것이 행복의 지름길입니다.

사는 것이 왠지 허망하고 텅 빈 듯 느껴지고 우울하다면

아래 가운데 한 가지를 선택해서 해보세요.

1. 무언가 새로운 것을 배워본다.

악기, 공예, 운동, 외국어, 인문학 뭐든 괜찮습니다.

2. 일주일에 3시간 정도 몸을 쓰는 봉사활동을 해본다.

봉사를 하면 '내가 진정 쓸모 있는 사람이구나.' 하고 느끼게 됩니다.

3. 최근에 못 봤던 친구들을 불러서 한 끼 식사를 대접한다.

사람들과의 연결감이 느껴지면 마음이 행복해지고 덜 우울합니다.

4. 인생무상의 진리를 깨닫는다.

이 세상 모든 것은 시간이 지나면 변해서 사라지기에 내 의지처로 삼을 만한 것이 원래부터 없었다는 사실을 통찰해냅니다.

•

지금 한번 내가 원하는 것들이
다 이루어졌다고 상상해보세요.
아이들이 좋은 대학에 들어가고, 취업도 하고, 결혼도 잘하고,
아픈 가족의 몸도 완전히 낫고, 집도 더 좋은 곳으로 옮기고,
은행 통장에 여윳돈도 있고…. 어떠세요?

마음이 조금 편안해지고 걱정하는 생각들이 쉬게 되지요?
그런데 조금만 지나면 어떤가요?
우리 마음은 또 다른 것들이 불만스럽고
또 그것들이 바뀌어야 한다고 말하고 있지 않나요?

즉, 주위 환경이 내 마음에 맞게 바뀌어도
내 마음의 버릇이 바뀌지 않으면
아무리 좋은 환경에 있어도 결국
문제를 또 찾아내서 스스로를 괴롭힙니다.

•

천상에 태어나도 어떤 이들은
너무 완벽한 것이 또 문제라고 할 것이다.

이 세상 모든 사람이 부자가 되고 유명해져서 자신이 꿈꿔왔던 모든 것들을 얻기를 소망합니다. 그러면 그때야 알게 될 것이에요. 그것들이 내가 진정으로 찾던 답이 아니었다는 것을요.

–영화배우 짐 캐리

동네에 새로 생긴 예쁜 카페에 가보았다.
녹차 크레이프 케이크라고 맛있어 보이는 것을 골랐는데
한 조각에 7천 원이라는 말에 케이크는 됐고 차만 마셨다.
그런데 하루 종일 그 케이크가 눈앞에서 아롱거렸다.

이틀 동안 눈앞에 아른거려 다시 그 카페로 가서
먹고 싶었던 케이크 한 조각을 드디어 사 먹었다.
맛있었다. 그러나 아주아주 맛있지는 않았다.
아마 노벨상을 받거나 대통령이 되어도 이런 기분이겠지.

●

살다 보면 감정조절이 잘 안 되는 시기가 있습니다.

이럴 땐 나 혼자만의 조용한 시간을 가져보세요.

혼자 산책을 해도 좋고, 좋아하는 영화를 봐도 좋고,

명상이나 기도를 해도 좋아요.

눌려 있는 감정이 편히 숨 쉬도록 공간을 주세요.

●

틱낫한 스님 절에 가면 일주일에 하루는

게으른 날Lazy Day이라고 합니다.

그날 서로에게 인사도 "오늘 얼마나 게을렀습니까?"라고 합니다.

때로는 파란 하늘이나 시원한 바람 한 점 벗 삼아

열심히 살았던 나를 위한 많이 많이 게으른 하루를 선물하세요.

●

바쁘게 일하고 집에 들어오면 아무것도 하고 싶지 않고

바닥에 누워 그냥 좀 멍하니 텔레비전만 보고 싶은 때가 있지요.

열심히 살았던 내 머리가 쉬는 시간입니다.

멍 때려도 됩니다.

세상이 내 어깨를 치고
나를 넘어뜨렸을 때,
다시 일어나서 계속해서 걸으세요.
서러워서 눈물이 좀 나더라도
너무 창피해서 죽고 싶더라도
앞으로 앞으로 걸으세요.

걷다 보면 괜찮아져요.
걷다 보면 잊혀져요.
아픔 속에서도 성장하려는
당신을 응원합니다!

고통은
새로운 세계를 열어주는 문입니다.
– 김수환 추기경

달을 품은 나무. oil on canvas, 33×53, 2015

아는 것과 행동으로 옮기는 것 사이에는 항상 간극이 있습니다.
그래서 책을 읽고 알았다고 해서,
누군가에게 가르침을 받아 알았다고 해서
바로 치유되거나 금방 행복해지지는 않습니다.

안 것을 행동으로 옮겨 자신의 생활 속에 녹였을 때
비로소 변화가 일어납니다. 이건 노력과 의지가 필요합니다.
그래서 다 깨달은 문수보살도 부처의 행동을 실천하는
보현보살과 짝을 이루어 회향하는 이치가 여기에 있습니다.

고요 속에 깨어 있는 마음

본성篇

7

우리의 본성은 하늘과 같아서
생각이란 구름, 감정이란 천둥, 기억이라는 노을이 지지만
하늘의 본성은 그것들을 허락하고 변화함을
다만 지켜볼 뿐입니다.
생각, 감정, 기억의 날씨는 일어났다 사라지지만
하늘의 마음 공간은 변함없이 여여합니다.

삶의 태도. oil on canvas, 50×100, 2015

깨어 있는 현재가 마음의 고향입니다

가을을 재촉하는 비가 이틀 동안 내리더니 드디어 하늘이 파란 민얼굴을 내민다. 그러자 이번에는 노랗고 빨간 손을 한 나무들이 파란 하늘을 무대 삼아 바람과 함께 신나게 춤을 춘다. 나에게 매년 초가을은 마음 본성으로 돌아가는 수행의 시간이다. 보통 때는 우리나라에 있는 수행 사찰에서 가을 안거를 나지만, 올해는 예전부터 꼭 한 번은 가겠노라고 약속했던 프랑스 남부 시골 마을에 위치한 틱낫한 스님의 수행 공동체, 플럼 빌리지plum village로 향했다. 2013년 틱낫한 스님께서 여러 제자들과 함께 우리나라를 방문하셨을 때 법문을 통역했던 일로 귀한 인연을 맺었다. 틱낫한 스님의 훌륭한 가르침이 어떻게 수행 공동체를 통해 실천되고 있는지 항상 궁금했었는데 드디어 방문할 수 있는 시절 인연이 된 것이다.

틱낫한 스님은 베트남 전쟁 당시 반전 운동과 참여 불교 운동을 이끄셨다. 스님께서 노력하시는 모습을 본 마틴 루서 킹 목사께서 크게 감동해 노벨 평화상에 추천한 것으로도 잘 알려져 있다. 전쟁이 끝나고 베트남으로 돌아갈 수 없게 되자 프랑스 남부에 작은 수행 공동체를 열고 스님의 가르침을 찾는 사람들과 함께 평생 수행을 하셨다. 처음엔 작았던 공동체가 시간이 지나면서 승려의 숫자도 늘고 방문 수행자도 많아지면서 지금 규모의 플럼 빌리지가 된 것이다. 스님의 연세가 아흔이 되시면서 작년부턴 법문을 하실 수 없을 정도로 몸이 많이 불편해지셨다. 그럼에도 불구하고 플럼 빌리지는 여전히 전 세계 65개국에서 수행을 하기 위해 많은 사람이 찾는다.

그렇다면 어떤 특별한 수행을 하기에 전 세계 사람들이 먼 국경을 넘어 이곳까지 오는 것일까? 처음 플럼 빌리지에 도착하면 가장 먼저 놀라는 것이 이곳 수행자들은 모두 천천히 걷는다는 것이다. 하루하루 어딘가를 가기 위해 바쁘게 발걸음을 재촉하는 현대인의 일상과는 극명하게 대조된다. 마치 걷는 것 자체를 즐겨도 된다고 사람들에게 알려주기 위해 천천히 걷는 것처럼 느껴진다. 그런데 걷는 것만 천천히 걷는 줄 알았는데 밥도 역시 아주 천천히 먹는다. 음식을 한입씩 물고 고요 속에서 그 과정을 충분히 음미한다. 아무리 산해진미라 해도 그 음식을 먹는 동안 마음이 딴 곳에 가 있으면 그 맛을 모르고 먹게 된다. 하지만 반대로 차 한 모금을 마시더라도 마음이 온전히 깨어 그 맛을 느끼게 되면 아주 새롭게 다가온다.

틱낫한 스님의 가장 중요한 가르침은 걷는 것과 먹는 것에서 볼 수 있듯, 바로 지금 여기에서 마음이 온전히 깨어 있으라는 것이다. 지금 무언가를 하면서도 마음이 자기 생각 속에 빠져 과거의 기억이나 미래의 걱정을 하는 것이 아니고, 지금 현재에 와서 깨어 있는 것이다. 왜냐면 여기 지금 현재가 바로 수행자들이 찾던 마음의 고향이자 귀의처이기 때문이다. 온전히 현재로 온 마음은 아무런 상념이 없고 편안하다. 자기 생각에 빠져 있지 않으니 앞사람 얼굴이 보이고, 온전히 지금 현재를 즐기게 되니 마음이 바쁘지 않고 평화롭다.

그러면 좀 더 구체적으로 자기 과거 기억이나 미래 생각에 빠져 현재를 놓치는 마음을 어떻게 해야 지금으로 돌려 깨어 있게 만들 수 있을까? 그것은 바로 현재 쉬는 숨으로 돌아오는 것이다. 숨은 우리 몸과 마음을 연결해주는 아주 중요한 다리다. 숨이 편하면 마음도 편해지고, 숨이 거칠면 마음도 거칠게 된다. 반대로 마음이 급하면 숨도 역시 급하게 변하고, 마음이 고요해지면 숨도 역시 고요해진다. 그리고 가장 중요한 것은, 숨은 항상 지금 현재에서 쉬고 있다는 점이다. 숨을 놓치지 않고 있으면 결국 현재를 놓치지 않게 된다. 그렇게 숨을 느끼다 보면 자연스럽게 숨이 편안하고 깊어지면서 마음도 역시 따라서 편안하고 깊은 침묵 속의 평화를 맛보게 된다.

마음이 이렇게 숨을 통해 깊은 침묵의 상태에 있다 보면 어느 순간 지혜 또한 열리게 된다. 평소에는 마음속에서 일어나는 생각들을 '나'라고 동일시했는데 생각과 생각 사이에 있는 평화로운 침묵의 공간을 경험하게 되면서, 생각은 자기가 알아서 일어났다가 자기가 알아서 사라진다는 것을 보게 된다. 즉 나와 상관없이 일어났다가 내 의지와 상관없이 사라지는 것이 생각이라, 올라오는 생각 하나하나에 그렇게 연연하지 않게 된다. 오히려 마음은 평화로운 침묵의 공간을 점점 더 크게 느끼게 되면서 '그 어떤 위대한 생각도 평화로운 침묵에 비할 것이 아니구나!' 하는 느낌이 온다.

이와 동시에 깨달음이 하나 올라오는데 바로 내 마음속에서 느껴지는 평화로운 침묵이 내 몸 안에만 있는 것이 아니라 몸 밖에도 가득하다는 것이다. 왜냐면 내 몸을 포함한 온 우주에 가득 찬 침묵이 어디에서 시작되고 어디에서 끝이 나는지 도무지 그 경계선을 찾을 수가 없기 때문이다. 즉 몸 안팎의 분별, 나와 세상으로 나누던 차별이 침묵 속으로 사라져 움직이지 않는 하나의 마음만이 온 우주를 가득 메우고 있음을 경험하게 된다.

하늘이 노을로 물들면서 한 베트남 스님의 저녁 종성이 경내를 경건하게 울린다. 저녁 수행을 하러 법당 안으로 들어가는 수행자들의 발걸음 소리가 살아 있다. 온 우주가 감사함으로 한 송이 꽃을 피운다.

●

신선한 경험을 하고 싶으십니까? 그러면 이렇게 해보세요.
식사하실 때 음식을 입안에 넣고 그냥 눈을 감아보세요.
우리는 오감 중에 유난히 시각에 많이 의지하고 있어요.
눈을 감고 천천히 맛을 음미해보면
또 다른 새로운 세상이 기다리고 있습니다.

●

복잡한 머릿속 생각들을 잠시 멈추고
마음을 현재에 오게 해 쉬게 하는 방법들

1. 아름다운 풍경을 미소와 함께 바라본다.
2. 눈을 감고 숨을 크고 깊게 열 번 쉰다.
3. 좋은 음악을 눈 감고 집중해서 듣는다.
4. 심장이 살짝 뛰는 운동을 20분간 한다.
5. 지금 내 어깨나 허리가 어떤 느낌인지
몸 안의 감각을 온전히 느껴보세요.

생각에 사로잡혀 있으면
내 눈앞의 사람이나 풍경들이 보이지 않습니다.
반대로 지금 눈앞에 있는 것들을 관심 있게 바라보면
생각에 붙잡혀 있던 마음이 생각으로부터 빠져나와요.
생각을 없애려 하지 말고 눈앞에 있는 것을 바라보세요.
망상이 없는 현재에 마음이 와 있어요.

숨이 편안해지면 마음도 따라서 편안해져요.
숨은 생각을 좇아 과거와 미래로 가 있던 우리 마음을
현재로 오게 만드는 놀라운 타임머신입니다.

야구 선수가 아무리 홈런을 쳐도 결국 타자는
1루, 2루, 3루를 거쳐 처음 떠났던 홈으로 다시 돌아옵니다.
결국, 인생이나 수행도 처음엔 대단하고 특별한 무언가를 찾아
집을 떠나지만, 무수한 성공과 실패의 경험 후에는
처음 떠났던 그 자리의 소중함을 깨닫고 다시 돌아옵니다.
내가 그토록 찾던 것이 항상 내 손안에 있었던 것일 수 있습니다.

마음이 숨으로 돌아와
고요하고 잡념이 없는 상태에서 깨어 있다 보면
문득 느낍니다.
세상의 그 어떤 것들보다
지금 내 마음의 온전함과 평화로움이
더 소중하다는 사실을요.

아주 이른 새벽에 일어나면 방 안은 캄캄하고 세상은 고요합니다. 그 고요함을 그냥 즐기듯 느껴보세요. 침묵의 소리를 들어보세요. 침묵의 소리를 가만히 듣고 있으면 텅 비어 있는데 살아 있는 충만한 고요를 느낄 수가 있습니다. 그 고요함이 깊어지면 그 속에 또한 편안함이 존재한다는 사실을 느낄 수 있습니다. 내가 무언가가 되지 않아도, 노력하지 않아도, 분투하지 않아도 내 몸 안팎으로 이미 편안한 온전함이 항상 둘러싸고 있었습니다.

그 마음 안에서
내 마음을 쉬어보세요.

지극한 마음의 고요함 안에는 아무것도 없는 것이 아니고
지극한 환희와 평온함이 숨겨져 있습니다.
그 안에서 깨어 있으면
죽어도 죽지 않는 진정한 나를 만나게 됩니다.

진리는
찾는 것이 아니고
마음이 고요해지면
드러나는 것입니다.

침묵은 영원의 깊이만큼 깊고, 말은 시간의 깊이만큼 얕다.
-토머스 칼라일

내 안에는 여러 생각이나 감정들이 일어나고 사라지지만
그것들 뒤로 조용히 지켜보고 아는 관조자가 있습니다.
그 관조자는 묵묵히 지켜보면서 단지 알 뿐
그 생각이나 감정에 물들지 않습니다.
그 관조자가 바로 우리의 본성입니다.

마음 본성은 거울과도 같아서
더럽혀진 적도 더럽혀질 수도 없습니다.
마음 거울에 질투, 미움, 탐욕 등이
잠시 영상으로 비칠 수가 있습니다.
하지만 그 영상들이 보여도 거울 자체는 물들지가 않습니다.
잠시 거울 위로 보여지는 영상들을 붙잡고 나라고 착각하지 마세요.

텅 비어야 하늘의 깊이를 알 수 있습니다.
우리의 마음도 생각이 쉬어 텅 빌 때
창공과 같은 본성이 드러납니다.

마음이라는 공간 안에 잠시 일어나는 생각이나 감정 앞에다
'나'라는 글자를 붙여 '내 생각', '내 감정'이라고 말하며
집착하지 마세요.
내가 컨트롤할 수도 없는 상황 속에서 잠시 일어난 것에 대해
자꾸 '내 것이다' 하면서 집착하면
흐르지 못해 스스로만 괴롭습니다.

생각과 나를 동일시하지 마세요.
올라온 생각은 내가 조정할 수 없는 많은 외부 환경에 의해
잠시 일어난 구름이지 내 본래 성품이 아니에요.
한 생각에 잘못 붙잡히면 자살도 합니다.
지나가는 생각에 붙잡히지 마세요.

진정한 자유는 내 생각으로부터의 자유입니다.
-지두 크리슈나무르티

관찰되는 모든 대상은 진정한 내가 아닙니다.
예를 들어, 몸 밖에 있는 물컵이나 나무, 빌딩 들은
관찰할 수 있기에 내I가 아니고 관찰되는 대상other입니다.
마찬가지로 몸 안의 느낌, 감정, 생각들 역시
그것들이 일어나고 사라짐이 관찰되기 때문에
내가 아니고 관찰되는 대상입니다.

즉, 진정한 나는 대상화되어 관찰되지 않습니다.
사람들이 고통을 받는 가장 근본적인 이유는
관찰되는 대상을 가지고 나라고 여기기 때문입니다.

평화는 내 삶의 조건들이
내가 원하는 대로 바뀌었을 때 오는 것이 아니라,
나의 가장 깊은 존재 자체를 있는 그대로
깨닫는 것으로부터 옵니다.
–에크하르트 톨레

진리나 본성이라고 하는 것은

한순간이라도 잃어버릴 수가 없습니다.

마치 현재를 잃어버릴 수 없는 것과 같은 이치입니다.

과거 생각을 하면서 현재를 깜빡 놓칠 수는 있어도

현재가 사라지지는 않습니다.

해탈이란

완벽하지 않은 것들에 대한

불안함이 없는 것을 뜻한다.

–승찬 선사

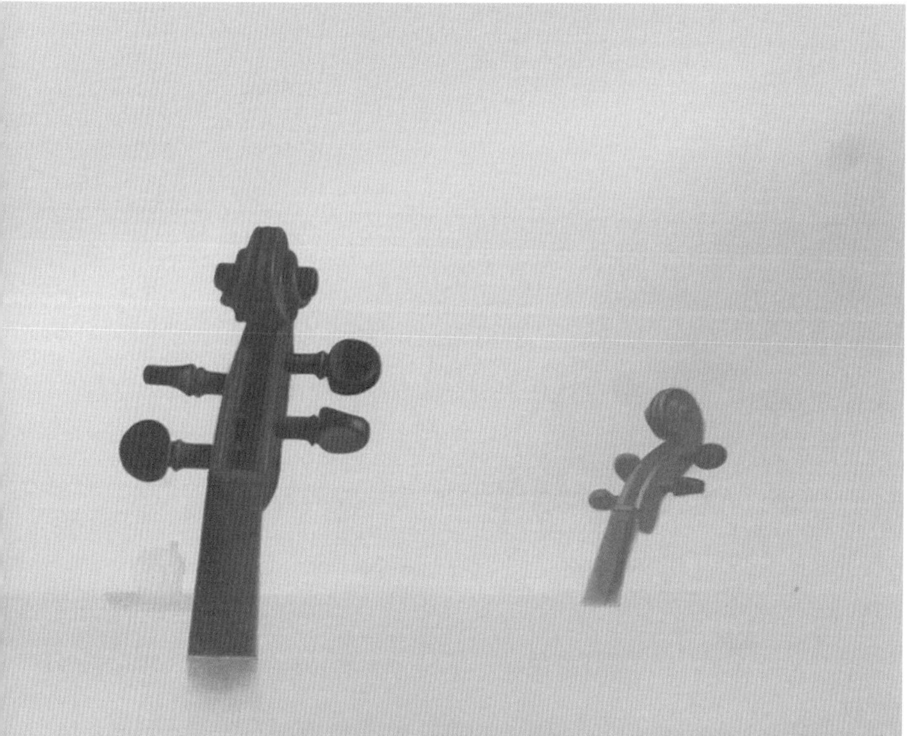

과거가 나를 붙잡고 있기 때문에 내가 힘든 것이 아니고
내가 과거를 자꾸 떠올리며 머물기 때문에 힘든 것입니다.
과거를 그냥 가만히 내버려둬 보세요.
자기가 알아서 강처럼 흐르도록.

진정한 나는 기억의 강이 아니라
그 흐름을 강 밖에서 고요히 보는 자입니다.

마중. oil on canvas, 150×80, 2010

“당신은 참으로 부처님 같소”

고등학생 시절, 나는 불교에 대해 잘은 몰랐지만 부처님 오신 날만큼은 반기곤 했다. 날씨가 춥지도 덥지도 않은 아름다운 5월에 학교를 하루 쉴 수 있다는 점이 좋았고, 고운 색의 연등들이 서울 종로 거리를 화사하게 물들이고 있는 모습이 또 좋았다. 저녁 어스름이 깔리는 시간, 연등으로 물든 거리를 걷고 있으면 학교 성적에 대한 압박이나 미래에 대한 불안도 잠시 잊을 수 있었다. 특히 집에서 멀지 않은 북한산 도선사에 올라 오색 연등 불빛 아래를 걸으며 워크맨에서 흘러나오는 조지 윈스턴이나 사이먼 앤드 가펑클 같은 음악을 듣고 있노라면 마음이 묘하게도 편안했다.

그 당시 나에겐 삶의 낙이 하나 있었는데 바로 미국에서 온 선교사들과 함께 농구나 탁구를 하며 주말 오후를 보내는 일이었다. 친구 같고 형 같던 20대 초반 선교사들과 시간을 보내며 나는 자연스럽게 영어와 서양문화를 배울 수 있었다. 더불어 삶에 대한 궁극적인 질문과 종교적 관심이 선교사들과의 교류를 통해 더욱 크게 증폭됐다. 우리가 왜 태어났고 죽으면 어떻게 되는가에 대한 질문이라든가, 아니면 세상 가득한 불공평에 대한 문제라든가, 나는 누구인가라는 질문 등을 사이에 두고 그들과 영어로 토론할 수 있어 좋았다. 아마도 학교에서는 물어볼 수 없었던 질문들이어서 더 그랬던 것 같다.

부처님 오신 날이 찾아오면 나는 어김없이 선교사 친구들을 설득했다. 우리나라에 왔으면 우리나라 전통 종교도 조금 알아야 하는 것 아니냐고 말이다. 사실 그땐 나도 불교에 대해 아는 것이 별로 없었고 불교 신자라고 할 수도 없었다. 단지 우리나라 불교 전통을 그들에게 보여주고 싶은 마음이 나도 모르게 들었다. 내 말에도 일리가 있다고 생각한 것인지 아니면 그냥 등산이 좀 하고 싶었던 것인지, 아름다운 연등 불빛이 잘 보일 만한 늦은 오후에 선교사 친구들은 나와 함께 북한산 도선사로 향했다.

법당 앞에 선 백인 선교사들은 전통 사찰의 아름다운 모습에 감탄하며 나에게 많은 질문을 던졌다. 경내 입구에 서 있는 위엄 있고 조금은 무서운 사천왕의 얼굴을 보며 "왜 불교는 악마를 숭배하느냐?"고 물었고, 돌로 새긴 마애불상 앞에서 절을 하고 있는 사람들을 보며 "왜 사람들이 돌부처에다 절을 하느냐, 저건 우상숭배가 아니냐?" 하고 물었다. 나는 명쾌하기는커녕 어설프게라도 답을 하지 못했다. 성경에도 하느님의 영광을 받들어 섬기는

가브리엘이나 미카엘과 같은 수호천사들이 있듯, 불교에는 부처님 법을 보호하는 호법신장들이 있는데 사천왕이 그런 역할을 한다는 대답을 그땐 하지 못했다. 그리고 그 시절 나는 불상이 부처님인 줄로만 알았다. 그래서 불상을 향해 절을 하면 그 불상의 부처님이 내 소원을 들어주시는 것이라고 이해했다. 지금 생각하면, 몰라도 너무 몰랐다.

하지만 대학에 들어가 종교학을 체계적으로 공부하며 '진정한 부처님은 형상을 가지고 볼 수 없다.'라는《금강경》속 가르침을 만나게 되었다. 즉 진리 자체로서의 부처님은 인간의 몸과 같은 모습이 있는 것이 아니라 우주 가득한 무형상의 깨어 있는 마음이라는 것이다. 그 마음은 모든 살아 있는 생명들의 본성이라서, 나도 깨닫고 보면 부처님과 하나도 다름이 없다. 때문에 부처님이라는 형상을 향해 공경심을 갖고 절을 하지만, 결국 내 몸 안과 밖으로 깨어 있는 무형상의 마음 본성을 향해 절을 하는 것이다.

이후 승려가 되면서 선불교를 공부하기 위해 선어록을 보게 되었다. 일반 경전과는 달리 선어록은 깨어 있는 마음 본성 자리를 바로 일깨워주기 위한 옛 큰스님들의 말씀으로 가득하다. 그분들은 이렇게 묻고 있다.

"돌부처가 성스럽다고 느끼는 것은 돌부처가 원래부터 성스럽기 때문인가, 아니면 내 마음이 성스럽다고 보기 때문인가?"

똑같은 돌부처를 봐도 어떤 이는 성스럽다고 느낄 수 있고 또 어떤 이는 아무런 느낌이 올라오지 않을 수도 있다. 그렇다면 진정한 성스러움은 부처의 형상을 한 돌에 있는가, 아니면 성스러움을 아는 내 마음에 있는가?

학문으로 익혀가던 차, 지금까지 배운 것을 몸소 체험할 수 있는 기회가 찾아왔다. 바로 금정총림 범어사 주지 수불 스님의 간화선 집중수행 프로그램이었다. 짧은 시간 동안 큰스님의 가르침에 따라 마음을 집중해 몰아붙이니 평소에 선어록에서만 보던 의정疑情, 타성일편打成一片, 의단독로疑團獨露와 같은 여러 과정들이 하나씩 경험되더니 결국 땅이 꺼지듯 밑동이 빠지면서 모든 생각이 완전히 끊어진 마음 본성 상태를 처음으로 맛보게 되었다.

언어의 경계 너머에 있는 본성을 굳이 말로 표현해야 한다면, 텅 빈 채로 깨어 있는 마음이 참으로 묘하게도 죽은 것이 아니고 살아서 이 우주 전체 가득히 자기 홀로 있다. 모양을 가진 우주의 만물들이 바로 이 텅 빈 채로 살아서 홀로 깨어 있는 마음에서 나왔다는 사실을 또 안다. 이 마음은 우주가 창조되기 전에도 있었고, 지금도 있고, 세상으로 모습을 나투지 않았기에 죽어 사라지지도 않는다. 마치 구름과 천둥, 비를 수용하는 하늘 공간처럼, 음악 소리의 배경으로 있는 고요처럼, 세상의 여러 모습을 비추는 거울처럼, 아이가 노는 모습을 멀리서 지켜보는 엄마의 시선처럼 항시 현존한다. 온 우주가 이 하나(님) 마음 안에 다 들어와 있을 뿐, 이 마음을 벗어나 존재하는 것은 아무것도 없다.

이런 일련의 일들이 있은 후 내 신상에도 뜻하지 않은 변화가 생겼다. 어쩌다 보니 '혜민'이라는 이름 두 자가 세상 사람들에게 알려지기 시작한 것이다. 내 삶을 돌아보면 참으로 부족한 점, 부끄러운 점들이 많다. 더구나 수행의 물이 완전히 익지 않아 닦아야 할 것들이 많은 상황에서 사람들이 알아보고 찾으니 얼굴이 화끈거릴 지경이다. 도대체 앞으로 어떻게 살아야 하나 하는 마음이 최고조에 달했을 때 봉암사를 찾았다. 평생 공부만 하신 훌륭한 선방 스님들과 함께 지내면서 수좌 적명 스님께 마음공부에 대해 여쭈어볼 수 있어서 참으로 좋았다.

수좌 스님께서 말씀하셨다.

"보살이 본성을 깨쳐 첫 번째 단계인 초지初地에만 들어도 웬만한 경전이나 어록을 보면 다 아는 지혜가 구족됩니다. 하지만 아홉 계단을 더 가서 십지十地까지 이르러야 되는 이유는 본인이 깨친 바와 평상시 행동이 일치해야 하기 때문이에요. 그래서 부처소리를 들으려면 마음 성품을 본 것 정도 가지고는 안 되고, 그 사람이 하는 행동을 보고 일반 저잣거리 사람들이 '당신은 참으로 부처님 같소.'라고 이야기해줄 때, 비로소 저잣거리 사람들의 말에 의해 완성된다고 생각합니다."

세상에서 가장 힘든 것이 자신이 아는 바를 행동으로 옮기는 것이고, 또 자기가 한 말과 행동이 다르지 않는 것이다. 나를 돌아보건대 그 둘의 간격이 아직은 많이 벌어져 있어서 부끄럽기만 하다. 하지만 주어진 상황 속에서 하루하루 노력하며 살고 싶다. 많이 부족하지만 조금이라도 앎과 행동의 간격을 줄일 수 있도록 한 걸음 한 걸음 수행하면서 나아가고 싶다. 종로 거리에 걸린 오색 연등의 불빛은 고등학생 때나 지금이나 여전히 참 아름답다.

•

몸은 나이를 먹지만
마음은 아직도 이팔청춘 같지요?
왜냐면 마음에는 나이가 없기 때문입니다.
시간을 모르는 영원한 현재가 마음의 나이입니다.

•

우주는 한없이 거대한 반면
내 마음은 몸 안에 갇혀 있어 작다고 느껴지시나요?
그런데 사실은 그렇지 않습니다.
마음이 우주를 인식할 수 있다는 것은
마음이 우주만큼 크기 때문입니다.
우리의 마음 그릇 안에 우주가 들어와 있는 것이지
내 마음보다 더 큰 우주는 별도로 존재하지 않습니다.

•

아는 마음과 우주 공간이 사실은 완벽하게 하나입니다.
아는 마음이 공간을 만들고, 공간이 살아서 아는 것입니다.

비가 와서 밖이 좀 어둡고 추울 땐
밝고 따뜻한 방 안으로 돌아오면 아늑하게 느껴져요.
이처럼 세상일이 시끄럽고, 힘든 일이 많이 생기면
내면으로 돌아와 마음공부를 하게 되는 것 같습니다.
어찌 보면 지금 힘든 일들은 나를 공부시키려고
하늘이 기회를 주는 것일 수도 있어요.

수행은 꼭 특정한 장소에 가서 해야 하는 것이 아니에요.
내 마음과 세상이 만나 불편한 그 지점이 바로 수행처입니다.

내 주변의 보기 싫은 사람들 때문에
내 마음 깊은 심층의 모습이 끄집어내어져
여실하게 속살림이 드러나게 되는 것 같습니다.
그래서 싫은 사람만큼 수행하는 데 좋은 스승은 없습니다.
성철 스님께서 그러셨다죠.
"가장 큰 공부는 남의 허물을 뒤집어쓰는 것이다."라고요.

•

과거의 상처나 트라우마를 명상이나 참선만으로
극복하는 것은 쉽지 않습니다.
차라리 몸을 움직이는 요가나 등산을 하면서
심리 상담을 병행하는 것이 영적 수행보다 효과적일 수 있습니다.
심리적 상처를 해결하지 않고 수행으로 바로 들어가면
큰 진보 없이 일그러진 과거의 기억을
'나'라고 계속해서 붙잡고 있을 수 있습니다.

•

몸과 마음을 혹사시키는 것을 가지고
수행을 잘하고 있다고 착각하지 마세요.
잠도 적당히 주무시고 먹는 것도 알맞게 먹고,
좌선도 몸에 너무 무리가 가게 하지 마세요.
균형 잡힌 몸과 마음을 유지하는 쪽이 진보도 빨라요.

•

수행자가 병을 얻었을 때 얼마나 수행이 되었는지 스스로가 압니다.
다른 사람은 속여도 본인은 절대로 속일 수 없으므로
본성을 잊고 몸이 나라고 여기는 버릇이 얼마나 여전한지,
그동안 행동보다 말이 앞섰는지 바로 드러납니다.

처음엔 내가 노력해서 성불을 하려고 합니다.
하지만 열심히 노력하다 보면 문득 깨달아요.
세상 전체가 이미 성불해 있다는 사실을요.
처음엔 내가 열심히 해서 하느님의 사랑을 얻으려 해요.
하지만 잠시도 사랑하지 않으신 적이 없다는 사실을 깨달아요.

가장 큰 신비는
내 마음 본성을 깨달으면
전 우주가 일시에 깨닫는다는 점입니다.
보살은 우주를 돌아다니면서 중생들을 돕지만
원래 다 부처이자 자기 마음이라는 사실을 알면서 돕는 것입니다.

아래는 동일한 하나를 지칭하는 단어들입니다.
현재, 침묵, 무념, 평화, 공空,
마음, 깨어 있음, 수용, 자유, 온전함,
사랑, 자비, 생명, 무경계, 오직 모를 뿐.

깨달았다고 해서 바로 인격이 완성되는 것은 아닙니다.
깨달은 후에도 사람들과의 관계를 통해 인격을 닦아나가야 합니다.
세상에 필요한 지식도 또한 열심히 배워서
방편으로 잘 쓸 줄도 알아야 합니다.
깨달음은 그래서 완성이 아니고 시작입니다.

정말로 깨달은 스승은 자기만을 따르라고 하지 않습니다.
자기 말고 좋은 스승이 있으면 거기에도 가서 배우라고 합니다.
제자가 영적으로 잘 성장하는 것에 관심이 있지,
본인의 세력을 유지하기 위해 제자를 소유물같이 취급하지 않습니다.
스승이 신과 같이 숭배되어 권위로써 사람들을 누르려 한다면
스승에 대한 고마움은 가지되 큰 상처 받기 전에
그 조직에서 나오세요.

●

지성만 있고 감성이 없으면

남의 고통을 보고도 안타까워할 줄 몰라요.

감성만 있고 영성이 없으면

고통과 마주했을 때 희망을 잃고 휘둘려요.

영성만 있고 지성이 없으면

사이비 집단에 들어가 생고생할 수 있어요.

●

자기 스스로가 깨달음을 얻었다고 선전하시는 분께 혹하지 마세요.

깨닫는 내용이 '내'가 따로 없다는 것인데 '내'가 아직 남아서

깨달음을 얻었다고 한다면 앞뒤가 좀 맞지 않잖아요?

《반야심경》에 보면 '이무소득고以無所得故'

즉, 얻을 것이 없는 까닭에 대자유한 것이라고 나옵니다.

나도 없고 얻을 것도 없는데

어찌 내가 깨달음을 얻었다고 선전하지요?

●

엄밀하게 말하면 깨달은 자는 없습니다.

오직 깨달은 순간 들만 존재합니다.

–스즈키 순류

●

송나라 고승이 남긴 말씀.
“눈이 내리면 절 안에 세 종류의 승려 모습이 보인다.
첫째, 선방에 들어가 좌선하는 류,
둘째, 깨달음에 대해 말로써 논하는 류,
셋째, 먹는 것 가지고 떠들어대는 류.”
이 세 가지를 다 좋아하는 나는 뭐지?

●

이것이 나타나면 수행이고 뭐고 일체 초토화된다.
‘만사가 귀찮다는 느낌.’

●

수행을 더 해야 하는지 아니면 완전히 마쳤는지
알 수 있는 방법이 한 가지 있습니다.
아직도 누군가에게 묻고 싶은 것,
확인받고 싶은 것이 남아 있나요?
남아 있다면 조금 더 가셔야 합니다.

진리를 깨닫는다는 것은
예전부터 들어서 이미 알았지만 크게 와 닿지 않았던 것을
새로운 기회를 통해 깊이 체득화한다는 의미 같아요.
우리는 몰라서 못 깨닫는 것이 아니라,
아는데 아직 내 경험화되지 않았기 때문인 것 같습니다.
크게 깨닫는 날, 왜 그렇게 성인들이 말씀하셨는지
다 일리가 있었다는 것을 알 것 같습니다.

마음이 쉴 때면 문득 달 떠오르고 바람 불어오니,
이 세상 반드시 고해는 아니네.
-《채근담》 중

내가 '나'임을 허락하는 시간

수용篇

8

슬프면 좀 슬퍼해도 괜찮아요.
내가 어찌할 수 없는 아픔이 있다면
아프다고 이야기해도 괜찮아요.

우리가 힘든 까닭은
일어난 일을 받아들이지 못하고
심리적으로 저항하기 때문입니다.
힘들어하는 나를 저항하지 말고
괜찮다, 괜찮다,
오늘 그냥 허락해보세요.

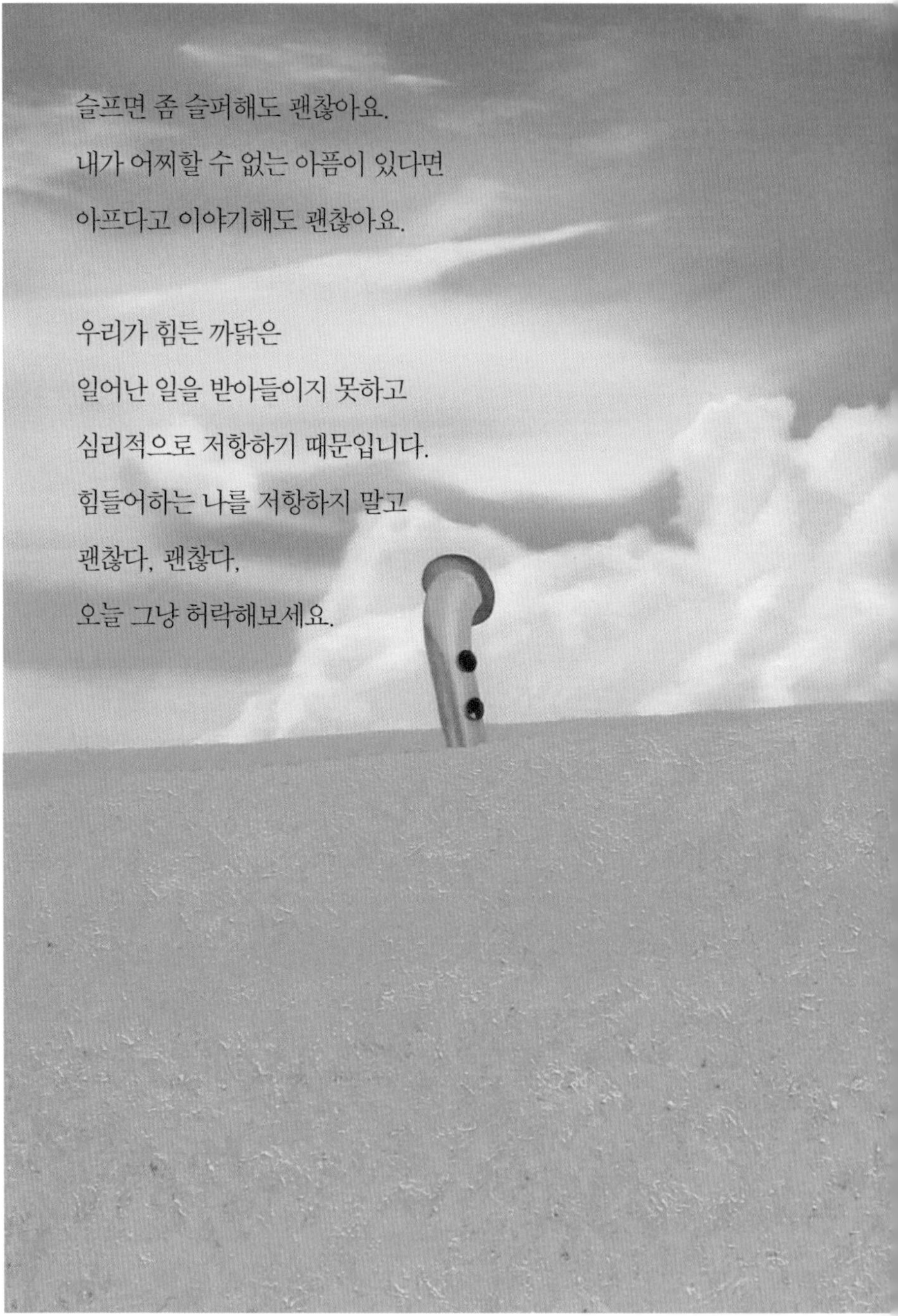

Harmony, oil on canvas, 72.7×53, 2011

힘들어하는 나를 허락하세요

생활 속에서 우리가 많이 듣는 말이지만 실제로 어떻게 하는지는 잘 모르겠는 것이 바로 '내려놓는다'라는 말 같습니다. 과거의 상처를 내려놓지 못해서, 이룰 수 없는 내 안의 욕망을 내려놓지 못해서 괴롭다고 토로하는 분들을 그간 많이 만났습니다. 예를 들어, 관계 속에서 내게 실망감이나 상처를 준 누군가를 될 수 있으면 빨리 잊어버리고 새로운 삶을 살고 싶은데 그런 기억들을 막상 내려놓자니 오히려 그 사람 생각이 자꾸 떠올라 마음이 괴로워진다는 것입니다. 또 어떤 경우는 내가 정말로 이루고 싶었던 일 문턱까지 다다랐었는데 최종 단계에서 이루어지지 못해 새로운 일을 다시 찾아 시작하려고 하니 아쉬운 기억과 좌절감에 마음을 내려놓기는커녕 방황만 하고 있다고 토로합니다.

삶이 가져다주는 실망과 좌절은 누구나 경험합니다. 그럴 때마다 주변 사람들은 흔히 "다 잊어, 시간이 해결해줄 거야, 다 내려놓아."라고 조언을 하지요. 하지만 내려놓으려고 하면 할수록 오히려 잊고 싶은 사람, 정리하고 싶은 기억들이 이상하게 더 떠올라요. 하루빨리 내려놓고 마음을 완전히 비워버렸으면 좋겠는데, 시간은 천천히 흐르고 내려놓는 것은 잘 안 되니 도대체 내가 뭘 어떻게 해야 내 마음이 좀 편안해질 수 있을지 잘 모르겠습니다.

'내려놓는다'라는 말은 사실 '받아들인다'의 다른 말입니다. '내려놓는다'고 해서 과거에 있었던 힘든 기억을 없애고 지운다는 말은 아닙니다. 왜냐면 과거의 아픈 기억을 지우개로 지우듯 지웠으면 좋겠지만 실제로 불가능한 일이기 때문입니다. 오히려 잊으려 애를 쓸수록 더 생각이 나고 더 집착하게 됩니다. 그런데 여기서 중요한 점 한 가지가 있습니다. 사실 내가 힘든 것은 과거의 기억 자체가 힘든 것이 아니고 그 기억에 붙어 있는 아쉬움, 실망감, 좌절과 같은 어려운 감정들이 나를 힘들게 하는 것입니다.

이것은 미묘하지만 큰 차이입니다. 10년 전에 나를 힘들게 했던 상황을 기억해보면 지금은 그때처럼 그리 힘들지가 않습니다. 왜냐면 기억에 붙어 있던 감정들이 어느 정도 정리가 되어 소멸됐기 때문입니다. 즉 나를 힘들게 하는 것은 기억 자체가 아니기 때문에 잘 지워지지도 않는 기억을 억지로 없애려 하거나 누르려 할 필요는 없습니다.

그렇다면 내려놓기 위해선 어떻게 해야 할까요? 그것은 바로 지금 힘들어하는 나를 허락하는 것입니다. 과거의 기억과 함께 붙어 있는 감정들을 부정하거나 회피하지 않고 있는 그대로를 허락하는 것입니다. 힘들어하는 나를 허락하면, 허락하는 즉시 마음의 상태가 미묘하지만 곧 바뀌게 됩니다. 그전까지만 하더라도 힘들어하는 내 감정이 문제라고 생각하면서 하루빨리 벗어나야 되는 극복의 대상으로만 여기고 버거워했는데, 허락을 하고 나면 이상하게도 힘들어하는 마음이 계속 진행되지 않고 멈추게 됩니다. 달리 말하면 마음이 갑자기 조용해지는 것이지요. 그러면서 힘든 감정들로부터 나와 그 감정들을 따뜻하게 바라볼 수 있게 됩니다. 지금까지는 힘든 감정을 내가 어떻게든 변화시켜보려고, 잊어보려고 했는데, 있는 그대로를 허락하고 나니 일체의 마음 활동이 쉬면서 자연스럽게 바라보게 됩니다.

마음이 조용한 상태에서 내 감정을 따뜻하게 지켜보고 있으면 뜻하지 않은 다소 신기한 경험을 하게 됩니다. 그것은 바로 내 안에는 힘든 감정들만 있는 줄 알았는데 그 감정을 따뜻하게 지켜보는 '또 다른 나' 혹은 '그분'이 계시는구나 하는 알아차림입니다. 세상에서 나만 홀로 분투하고 있는 줄로만 알았는데 항상 나를 떠나지 않은 채 고요 속에서 자비하게 내 마음을 바라보는 분이 계신다는 것을 느끼게 됩니다. 때로는 그분께서 '마음아, 지금 많이 힘들어하는구나. 얼마나 아팠니?' 하고 이야기를 건네고 있는 것 같은 느낌을 받을 수도 있습니다.

여기까지 오면 지켜봄을 통해 힘든 감정과 거리감, 공간감이 생기면서 그 감정들을 내가 수용할 수 있을 것같이 느껴지기 시작합니다. 내 마음은 그 감정들을 받아들이고도 남을 더 큰 공간이라는 자각이 들기 시작하는 것이지요.

마치 작고 어두운 마음의 방 안에 아픈 감정이 갇혀 있었는데, 갑자기 벽이 무너지고 햇살 좋은 공원처럼 넓고 따스한 공간 속에 자리한 그 감정을 바라보게 되니, 비록 그 감정은 사라지지 않았지만 더 이상 커다란 문제처럼 느껴지지 않게 되는 것과 같아요. 굳이 그 감정을 피하려고 하지 않아도, 변화시키려고 하지 않아도, 그래, 이 정도는 수용할 수 있다는 느낌이 들면서 마음이 편안해지기 시작합니다.

혹시 살면서 뭔가를 내려놓지 못해서 감정적으로 힘들다고 느낄 때, 있는 그대로의 마음 상태를 허락해보세요. '좀 힘들어도 괜찮아, 좀 아파도 괜찮아.' 마음속으로 속삭이다 보면, 마음이 고요해지면서 내 안의 상처를 자애의 눈길로 보듬어주시는 내 안의 또 다른 큰 나를 만나게 될 것입니다.

힘들면 괜찮아지려고 노력하지 마세요.
괜찮아지려고 노력하면
힘든 감정에 억압을 가하면서 더 힘들 수가 있어요.
일어난 감정은 내 의지와는 상관없이
자기가 머물고 싶은 시간만큼 머물러요.
그 시간을 존중해주고 기다려주세요.

왜냐면 내 안에서 일어났어도
감정은 내 것이 아니기 때문에
내 말, 잘 안 들어요.

내가 나임을 온전히 허락하는 순간
내 안의 평화가 찾아옵니다.
있는 그대로를 인정하고 껴안아주는 순간
존재 안의 사랑이 느껴집니다.
우리는 나 아닌 다른 사람이 될 수도,
또한 될 필요도 없습니다.

내가 '외롭다', '괴롭다', '약하다' 등의 모습들을
스스로가 있는 그대로 허락하고 받아들이면
그 받아들임 속에서 이상하게도 힘이 나와요.
진실을 있는 그대로 인정하고 나면
다음 단계로 어떻게 나아가야 할지 방향과 용기가 생겨요.

집착은 '집착을 놓아야지.' 하는 생각으로 놓아지지 않습니다.
오직 그 집착의 끝에 어떤 고생이 나를 기다리고 있는지
통찰해냈을 때, 그 지혜의 힘으로 놓을 수가 있습니다.
칼끝에 묻어 있는 꿀을 먹고자 달려들고 있지는 않은지 보세요.

“네가 그 사람을 위한다면서 자꾸 바꾸라고 그 사람에게
강요하는 것은, 네 지금 상황에 스스로가 만족하지 못하기
때문일 수도 있어. 그건 그 사람의 문제가 아니라
근본적으로 네 문제일 수도 있는 거야.”

“사랑한다면 이 정도는 네가 나를 위해
맞춰줘야 하는 거 아니야?”라고 말하는 거,
엄밀하게 말하면 자기 욕심이지 사랑이 아닙니다.
사랑의 모습은 수용과 자유이지 속박과 컨트롤이 아닙니다.

자신이 원하는 것들을 하지 못하면서 스스로를 많이 구속했던 사람일수록, 힘이 생기면 주변 사람들을 자꾸 구속하고 컨트롤하려고 합니다. 왜냐하면 스스로를 구속하는 것을 일반화시켜 남들도 그렇게 살아야 한다고 믿기 때문입니다. 그들은 그들의 인생을 살고 있을 뿐이에요. 내가 나를 우선 허락하면 그들도 받아들일 수 있습니다.

그것이 문제라고 하면, 그것이 문제가 됩니다.
문제라는 그 한 생각 때문에 별문제가 아니라고 여기는
사람들까지 바람 넣어 조정하려고 합니다.
문제라고 생각하기 전까지는 큰 불편 없이 잘 살았잖아요?
그 한 생각 때문에 나와 주변 사람들이 힘들어지는 건 아닌지요?

"문제는 그 사람인데 왜 자꾸 저부터 마음을 풀라고 하세요."라고 말하는 분들이 계세요. 그런데 한번 생각해보세요. 만약 상대에게 물어보면 상대는 어떻게 대답할까요? 상대도 역시 문제의 원인은 자기가 아니라 나에게 있다고 말하지 않을까요?
상대도 나도 풀지 않으면 결국 이 관계는 망합니다.
그리고 상대를 바꾸기 위해 노력하는 것보다 내가 바뀌는 편이 훨씬 빨라요. 내가 마음을 먼저 풀면 상대도 금세 변화를 감지합니다.

살면서 골치 아픈 일이 생겼을 때
카네기의 말을 한번 떠올려보세요.
"우리는 지금부터 1년 후면 다 잊어버릴 일들을 가지고
괴로워하면서 현재의 소중한 시간을 낭비하고 있다."
지금 무슨 일 때문에 괴롭다면,
1년 전에 골치 아팠던 일을 한번 떠올려보세요.
지금도 그 일 때문에 괴로우신가요?
아마 지금은 잘 생각도 안 나지 않나요?

살다 보면 내 속에서 욱하고 올라오면서
그냥 다 때려치우고 싶을 때가 있습니다.
힘들어도 그때 참으세요.
정말 도저히 못 참겠다 할 때 그때 한 번만 더 참으세요.
참지 못하면 그동안 쌓아놓았던 것을 한 방에 다 날리고
두고두고 후회할 수 있어요.
어려움 속에서 인내할 때, 그 사람의 진가가 드러납니다.

일을 하다 보면 좋은 것이 나쁜 것과 함께 붙어 있는 경우가 많아요.
이런 경우 나쁜 것이 싫다고 그 일을 아예 버려버리면
좋은 것까지 버리는 경우가 되고 맙니다.
지혜로운 이는 좋은 것이 왔을 때 나쁜 것이 올 것도 준비합니다.

어떤 사람이 크게 뜨고 나면, 두 박자 후에는
그 사람을 비판하는 이면의 말들이 들려옵니다.

우리에겐 완벽한 행복이나 건강은 없는 것 같아요.
갑자기 큰돈이 생기면 형제들 간에 다툼이 생기고,
권력을 갖게 되면 집안 식구들이 속을 썩이고,
너무 잘나가면 생각지도 못했던 안티들도 나타납니다.
이처럼 한 가지를 얻으면 한 가지를 꼭 잃게 되어 있어요.
우주가 그렇게 돌아가니, 너무 큰 행운이나 요행을 바라는 것은
하나만 보고 둘은 못 보기 때문입니다.

●

겨울바람이 불고 날씨가 추워지면 밖으로 나가기 힘들어져요.
하지만 그 추운 바람 때문에 미세먼지가 사라지고
대기가 청정해지지요. 이처럼 처음 봤을 때 나쁘다고 생각되는 것도
자세히 보면 좋은 점이 있어요. 이것이 세상 이치인 것 같습니다.

●

행복한 삶의 비결은
좋아하는 일을 하는 것이 아니라,
지금 하는 일을 좋아하는 것입니다.
－혜광 스님

●

사람들은 처음엔 성공을 향해 뛰지만
나이가 들수록 또 다른 가치가 눈에 들어오기 시작합니다.
올라가면 언젠간 떨어지는 것이 이치이고
그러기에 성공보단 주위 사람과의 관계, 영적인 수행이나
함께하는 행복에 점점 관심이 기울게 됩니다.

●

아무리 좋은 환경에 있어도
받아들이지 못하고 자꾸 다른 것을 더 원하면
별로 행복하지 않습니다. 왜냐면 행복은 받아들임을 통해
마음이 소란스럽지 않고 평화로울 때 느끼기 때문입니다.

●

"스님, 첫 봉급 받고 나니까 좋은 것이 뭔지 아세요?
내가 돈 내고 남이 밀어주는 때를 미니까 너무 좋은 거예요."
그렇습니다. 행복이 뭐 따로 있나요? 이런 게 행복이지.

●

오랫동안 원하던 것을 성취하고 나면 두고두고 행복할 것 같지만
절대로 그렇지 않아요. 막상 성취하고 나면 잠시의 행복감 뒤에
허탈의 파도가 밀려오고, 성공 후 새로운 상황이 만들어낸
생각지도 못한 후폭풍이 몰려와요.
그러니 지금의 과정을 즐겨요.
삶에 완성이란 없는 것 같아요.

삶의 태도. oil on canvas, 50×100, 2015

비우는 공부가 필요합니다.

우리는 채우려고만 하는데 사실 비움 안에

온전함과 지혜가 있습니다.

생각이 많다고 결정이 쉬워지는 것도 아니고

번쩍이는 아이디어가 나오는 것도 아닙니다.

비움 속에 존재하는 지혜를 믿고

잠시 쉬어보세요.

노력해도
상황이 나아지지 않는다면

작년 초, 텍사스에서 추신수 선수로부터 연락이 왔다. 《멈추면, 비로소 보이는 것들》 책으로 인연이 되어 종종 문자나 전화 통화를 하면서 친한 사이가 되었다. 가끔 뉴욕에서 경기가 있으면 추신수 선수를 응원하러 갔는데, 지난해 상반기 타석에서의 성적이 예전보다 좋지 않아 어떻게 하면 이번 슬럼프로부터 벗어날 수 있는지를 물어왔다. 외국에서 혼자 외롭게 분투하는 추신수 선수를 보면 마치 내 동생 일처럼 걱정이 된다. 높은 연봉을 받는 만큼 그에 상응하는 성적을 내 팀 우승에 기여해야 하고 팬들의 기대에 보답해야 한다는 심적 부담이 클 수밖에 없을 것이다. 먼저 슬럼프를 벗어나기 위해 어떤 시도를 해봤는지 묻자 자신이 생각할 수 있는 모든 방법을 다 동원했지만 아직까지 정확한 원인을 찾을 수 없어 무지 답답하다고 했다.

사실 살다 보면 누구나 이런 상황을 경험하게 된다. 추신수 선수와 같은 운동선수의 슬럼프는 아니더라도 본인이 나름 노력하고 있는데도 좀처럼 상황이 나아지지 않는 경우 말이다. 최근 내게도 건강과 관련해 이와 비슷한 일이 발생했다. 지난겨울 감기를 심하게 앓고 난 후 다른 감기 증상은 사라졌지만 목의 통증은 계속되었다. 정기적으로 소금물로 목을 헹구고 의사에게 항생제를 비롯한 여러 약을 처방받아 치료했지만 지금껏 좋지 않다. 몇 달간 지속된 통증에 컴퓨터 단층촬영CT도 해보고 한의사에게 침도 맞아봤지만 정확한 원인을 찾을 수 없었고 통증은 여전했다.

SNS를 통해 내게 질문하는 분들 역시 이와 비슷한 상황에 빠져 있는 경우가 많다. 열심히 공부하고 있는데도 성적이 오랫동안 제자리걸음인 경우, 지난 몇 년간 장사나 사업에 최선을 다해 매진했지만 좀처럼 나아질 기미가 보이지 않는 상태, 시댁식구와의 관계나 직장에서의 관계를 개선하기 위해 노력했지만 아무런 진전이 없을 때, 몸의 병이 나아질 기미를 보이지 않을 때, 우리는 좌절하고 우울해진다.

교회나 성당, 절에 가서 간절히 기도해보기도 하고 여타 다른 방법도 모색해봤지만 이렇다 할 극적인 변화가 일어나지 않는다. 이럴 때 우린 어떻게 해야 할까? "조금만 참으면 괜찮아질 거야." 라는 위로가 더 이상 가슴에 와 닿지 않을 때, 아무리 노력해도 상황이 나아질 기미가 보이지 않을 때 도대체 어떤 마음가짐을 가져야 지금의 어려움을 헤쳐나갈 수 있을까?

일단 현재 상황을 좀 넓은 시야를 가지고 볼 필요가 있다. 파도가 올라갈 때가 있으면 분명 내려갈 때도 있는 법이다. 그런데 혹시 우리는 파도가 올라가는 것만을 정상으로 여기고 내려가는 것은 비정상으로 여겼던 것은 아닐까? 해가 떠 맑은 날이 있는가 하면 분명 장대 같은 장맛비가 내릴 때도 있는데 나에게만큼은 계속 해가 떠줄 거라 자만했던 것은 아닐까? 지금 경험하는 내리막길도 우리 삶의 일부로 껴안고 가야 될 내 인생의 몫이다. 내 뜻대로 되지 않는다고, 지금 경험이 싫다고, 쉽게 짜증 내고 불안해하고 남 탓만 한 건 아닌지 한번 돌아보자. 시야를 넓게 봤을 때 지금의 슬럼프는 파도가 다시 올라가기 위해 반드시 거쳐야 하는 하나의 과정일 수 있다. 지금의 경험 덕분에 우리는 다시 올라갔을 때 교만하지 않고 겸손하며, 쉽게 마음이 들뜨지 않고 지혜로워질 수 있는 것이다.

지금 상황을 내 안의 자비심을 일으키는 기회로 삼는 것도 중요하다. 우리는 일이 순조롭게 잘 진행되면 당연하다고 여기면서, 모두 다 자신의 노력에 의해 이루어진 것처럼 착각하기가 쉽다. 그러면서 나보다 성적이나 지위가 낮은 사람, 혹은 몸이 아프거나 관계 안에서 욕을 먹는 사람들을 보면 다 그 사람 탓이라고 여기게 된다. 장사가 안 되는 것도 그 사람이 노력하지 않아서 그렇다고 여기고, 연봉이 낮은 것도 열심히 일하지 않았기 때문이라고 여기기 쉽다. 하지만 세상이 그물망처럼 얽히고설켜 있는데 어떻게 그 한 사람만의 잘못일까? 사회적 구조나 환경이 나보다 어렵게 주어져서 아무리 노력해도 잘 풀리지 않았던 것일 수도 있지 않을까? 지금 이 힘든 경험을 통해 나는 내 실력만을 과신해서 나보다 힘들고 아픈 사람들의 심정을 잘 몰라주었던 건 아닌지 돌아보자. 내가 지금 상황을 내 마음대로 컨트롤할 수 없듯, 그들 역시 아무리 노력해도 어떻게 할 수 없던 부분들이 있지 않았을까? 이번의 슬럼프를 기회로 주변 사람들에게 좀 더 감사해하고 따뜻해지자.

마지막으로 내가 지금 들이는 노력 하나하나가 모여 결국에는 지금 상황을 전환시킨다는 사실을 자각하자. 예전에 박찬호 선수로부터 이런 좋은 이야기를 들은 적이 있다. 내가 슬럼프에 빠졌든 그렇지 않든, 사람들이 야유를 보내든 그렇지 않든, 지금 내가 당장 할 수 있는 유일한 일은 타자에게 던지는 공 하나라는 것이다. 물론 잘 던진 공 하나가 슬럼프로부터 나를 벗어나게 하지는 못한다. 하지만 그 공 하나하나가 모여 결국은 변화를 일으키는 것이다.

포기하지 않는 지금의 작은 노력들은 결코 헛된 것이 아니다. 자꾸 노력하다 보면 장마에도 끝이 있듯 다시 곧 해가 뜬다. 이 글을 쓰고 있는 지금, 추신수 선수의 연속 득점 소식이 들려온다. 우리 모두, 파이팅이다!

●

인생이라는 조각보 안에는 칭찬과 비난, 기쁨과 슬픔,
얻음과 잃음, 행복과 아픔이 함께 하나로 엮여 있어요.
그래서 비난과 슬픔, 잃음과 아픔이 와도
놀라지 않고 중심을 잃지 않는 것, 이것이 수행 같습니다.
그것들은 원래부터 우리 삶과 같이하는 것이라는 것,
이 진리를 받아들이면 마음이 편해집니다.

●

밤이 계속해서 계속해서 길어질 것만 같아도
어느 순간부터 다시 조금씩 낮이 길어지기 시작합니다.
고통이 끝없이 계속해서 진행될 것 같아도
어느 순간부터 줄어들거나, 내려놓을 마음이 들거나,
그 안에서의 배움을 찾게 됩니다.

세상 모든 것이 영원하지 않습니다.
우리의 고통마저도요.

삶에 역경이 없으면 내가 발전하기 힘듭니다.
나를 치고 들어오는 것들을 해결하려고 분투하면서
내 능력이 생기고 내공이 깊어지는 것입니다.

삶이라는 여행에서 겪게 되는 힘든 사건은
나를 한번 크게 되돌아보게 하고
비슷한 어려움을 겪고 있는 사람들의 아픔도 생각하게 하면서
자비심을 일으키게 하는 밑거름이 됩니다.
힘든 일을 겪고 계신 분들,
그 일로 인해 지혜와 자비가 발현되시길….

내가 예전에 도움을 주었거나,
크게 기대하던 사람이
나를 심하게 해치더라도
그를 최고의 스승으로 여기게 하소서.
–달라이 라마

사람은 가까이서 보면
누구나 모순되고 약한 존재들입니다.
말과 행동이 상황에 따라 다르고,
누구 앞에서 이야기하느냐에 따라 다르게 말하며,
타인에겐 잘하는데 가족에겐 오히려 함부로 대하고,
가치관도 상황에 따라 금방 변하는….
성숙은 이런 불완전하고, 앞뒤 맞지 않는 모습을
자기 스스로 돌아보면서 성찰하는 것에서 시작합니다.

영적 성숙은
내 안의 싫은 모습까지도 나의 일부로
인정하고 받아들이는 과정을 수반합니다.
때론 아이 같고 때론 폭력적이고 때론 이기적인 욕망 덩어리가
내 안에 있다는 것을 인정하게 되면
타인도 깊이 이해하게 되고 비로소 용서할 수 있게 됩니다.

마음이 성장하면 할수록
나에게 찾아온 성공에 대해
얼마나 많은 다른 사람들의 도움으로 인해
가능했던 것인가를 생각하게 됩니다.
일은 혼자 하는 것이 아니라는 것을 느끼며
주변 사람들에게 감사함을 잘 표현할 때
그다음 성공도 따라붙습니다.

힘 있고 가진 자 앞에서 비굴해지지 않는 법은
내가 내 삶에 만족하는 것입니다.
욕심이나 바라는 것이 상대에게 없으면
그 누구를 만나도 당당할 수 있어요.
바라는 것이나 욕심이 있을 때 비굴해집니다.

탐욕의 반대말은 금욕이 아니고 만족할 줄 아는 마음입니다.

나를 비난하고 질책하는 목소리는
나를 응원하고 진심으로 아껴주는 목소리보다
훨씬 큽니다.

그래서 내가 힘든 상황에선
응원하는 목소리가 잘 들리지 않아요.
하지만 조금만 기다려보세요.

비난하는 사람들이 우르르 다른 사람을 비난하러 간 후에
조용히 남아서 나를 꾸준히 응원하는 사람들이
보이기 시작합니다.

우리 마음은 아홉 가지 좋은 일과 함께 한 가지 나쁜 일이 생겼다면
이상하게도 좋은 일보다 나쁜 일 한 가지에 마음이 계속 쓰입니다.
왜냐하면 원시시대 때 인간이 살아남기 위해 좋은 일보다는 나를
위협할 수 있는 나쁜 일에 집중했던 버릇이 남아서 그렇다고 합니다.
나쁜 일에 집중하는 나를 발견하면 속으로 말해주세요.
"괜찮아. 지금은 원시시대가 아니야.
걱정은 나쁜 일이 발생하면 그때 하자."

우리가 가장 두려워하는 것 중에 하나는
내가 있는 그대로의 모습을 보여주었을 때
상대로부터 거부당하지 않을까 하는 것입니다.
그래서 가까운 지인에게도 마음의 문을 열지 못하고,
그 짐을 혼자서 안고 가려니 힘들 수밖에 없는 것 같아요.
누군가 마음의 문을 열고 자신의 모습을 보여주었을 때
판단하지 말고 따뜻하게 받아주세요.
내가 완벽하지 않듯 그 누구도 완벽하지 않습니다.

운전자 옆 좌석에 앉은 사람은
정말로 위급한 상황이 아니면
운전에 대해 훈수를 두지 말아야 합니다.
개개인마다 운전하는 스타일이 있어요.
운전은 그냥 운전자가 하게 내버려두고
편하게 웃으며 목적지까지 가면 모두가 해피!

•

사람들은 자기 방식이 제대로 된 '정식'이라고 생각하곤 합니다.
그래서 자기 방식이 아닌 다른 식으로 일하는 것을 보면
문제니까 자꾸 고치라고 이야기하고 싶어 합니다.
하지만 다른 사람의 방식은
나에게 좀 익숙하지 않은 방식일 뿐, 틀린 방식은 아닙니다.
익숙하지 않은 방식으로도 한 번쯤 해보세요.
전에 몰랐던 새로운 세상을 만나게 됩니다.

•

내가 누군가에게 짜증을 내고 있을 때, 알아채세요.
내가 원하는 대로 저 사람이 해주지 않아서 내가 지금 이러는구나.
저 사람도 나름의 규칙과 사정이 있다 보니
본인 마음대로 못 하는 것일 수도 있을 텐데,
그걸 다 무시하고 내 맘에 맞게 해주기란 쉽지 않을 거야.
입장 바꿔 생각해보면, 분명 나라도 어려웠을 거야.

마음의 고통은
해야 할 일을 하지 않고 미루고 있을 때 옵니다.
오늘 몇 시부터는 그 일을 꼭 하겠다고 구체적인 시간을 정해놓고,
그 시간이 됐을 때는 두말없이, 딴생각하지 말고, 그냥 해버리세요.

지금 이 일을 해줘야 하나 말아야 하나
고민되는 일이 있지요.
만약에 해주지 않으면 오랫동안 마음에 걸릴 것 같으면
그냥 빨리 해주고 잊어버리세요.

저는 서점에서 읽고 싶은 책을 발견하면 일단 구입해놓습니다.
책장에 일단 모셔놓으면 언젠가는 읽게 되는 순간이 오더라고요.
지금 보기엔 좀 어려운 인문, 사회, 철학 책들이나 두꺼운 소설책
이라도 언젠가는 이해하면서, 또 즐기면서 보는 때가 찾아옵니다.

•

스님에게 갑자기 "좋은 한 말씀 해주세요."라고 부탁하는 것은
개그맨을 보자마자 무턱대고 "웃겨주세요."라고 하는 것과 비슷해요.
그래도 혹시 모르니 비상시 쓸 '좋은 이야기'를
미리미리 비축해놓아야겠습니다.

•

택시를 모처럼 탔는데 기사님께서 이렇게 물으세요.
"스님은 예전에 멈추라는 책 쓰고 텔레비전에 나왔던 그 스님하고
아주 비슷하게 생기셨네요. 그런 소리 많이 들으시지요?"

•

휴식과 유머로 우리 몸과 마음의 긴장이 풀리면 그동안 절대로 받아들일 수 없을 것 같았던 일들을 이제는 좀 받아들일 수 있을 것 같은 마음이 듭니다. 이 글을 읽으시는 분들이 편안해지셔서 이제는 마음에 걸려 있던 부분들을 좀 받아주시고 놓아주시길 기도합니다.

꽃이 질 때

노을이 질 때

사람의 목숨이 질 때

우리는 깊은 슬픔 중에도

삶을 이해하고 받아들이는

지혜를 배우고

이웃을 용서하는

겸손을 배우네.

–이해인 수녀, 〈작은 기도〉 중

혜민 스님의 책을 읽고 나서 보내는 편지

이해인(수녀, 시인)

혜민 스님,

제가 처음으로 스님께 편지 겸 독후감을 쓰는 이른 봄 아침입니다. 저의 글방으로 출근하는 길에는 스님과 함께 사진을 찍었던 치자꽃나무, 동백꽃나무 등 여러 꽃나무들이 제게 아침인사를 건네곤 합니다. 매화꽃나무는 참지 못하고 벌써 하얀 꽃 한 송이를 피우며 봄을 알리고 있어 반가웠습니다.

어제는 스님이 쓰신 책 《완벽하지 않은 것들에 대한 사랑》을 토씨 하나 빼지 않고 꼼꼼히 읽었습니다. 지난번 책 《멈추면, 비로소 보이는 것들》이 국민적 베스트셀러로 사랑받은 것과 마찬가지로 이번 책도 많은 분들로부터 사랑받을 것 같은 예감이 듭니다.

종파를 초월하여 스님의 책이 사랑받는 이유는 스님의 잘생긴 얼굴이나 멋진 학벌 때문이 아니라 스님의 글 자체에서 풍기는 치유의 힘과 겸허한 인품 때문일 거라고 생각합니다. 짧지만 깊은 울림을 주는 생활 속의 잠언들, 근엄하거나 경직된 분위기로 설교

하는 종교인이기보다는 친구처럼 손잡아주는 다정함과 공감을 끌어내는 따뜻한 인간미 때문일 것입니다.

《완벽하지 않은 것들에 대한 사랑》이란 제목만으로도 격려의 빛과 위로의 힘을 느끼게 되는 이 책을 더 많은 사람들이 읽어서 선과 사랑이 넘치는 사람으로 성숙하는 계기가 되면 좋겠습니다. 완벽하진 않아도 온전한 사랑을 꿈꾸며 서로 먼저 배려하는 노력을 새롭게 시작하길 바랍니다.

만날 적마다 꾸밈없고 자연스러운 스님의 모습이 저는 좋았습니다. 우리 수녀원을 방문하셨을 때 메밀국수를 맛있게 드시던 그 모습이 좋았고 슬픈 이야길 들으면 금방 눈물 글썽이는 스님의 소년 같은 순수함이 좋았습니다. 스님이 대중의 관심과 인기를 얻고 매스컴에 노출되면서 겪어야 하는 많은 어려움들을 토로했을 때 오래 전 수녀 시인으로서 겪어야 했던 힘든 일들을 재밌는 에피소드까지 곁들여 제가 들려드렸을 땐 하도 큰 소리로 웃으며 기뻐하셔서 제가 당황할 정도였습니다. 제 얘길 들으니 한결 위로가 되고 안심이 된다고 하셨지요.

저의 언니는 부모님이 돌아가셔도 장례식에 참석하지 못하는 엄률봉쇄수도원인 갈멜 수녀로서 사시고, 저는 세상 이웃과도 적당히 통교하는 베네딕도회 수도자로 사는 것처럼 불교에서도 선방에만 머물며 수행하는 스님들이 계시는가 하면 세상 속에서 사람들을 만나며 수행하는 스님들도 계신 걸로 압니다.

여러 종류의 나무들이 어울려 아름다운 숲을 이루고 여러 종류의 꽃들이 한데 모여 고운 꽃밭을 이루듯이 완덕에 이르거나 득도하는 길 또한 사람마다 다를 것입니다. 어떤 영혼은 맛있는 사과를 먹지 않는 절제로 사랑을 표현하지만 어떤 영혼은 사과를 먹으며 그걸 만드신 분에게 영광 드리는 걸로 사랑을 표현하기도 합니다. 사과를 먹지 않은 사람이 먹은 사람을 겉모습만 보고 속단할 순 없을 것입니다.

물질적으로는 풍요로워졌으나 여기저기 안팎으로 아프고 다친 데가 많아서 힘든 이들이 많은 세상입니다. 걸핏하면 죽고 싶다고, 외롭다고 하소연하며 눈물 흘리는 사람들에게 스님은 이미 소중한 멘토와 위로자의 몫을 하고 계시고 앞으로도 그럴 것이라고 믿습니다.

천주교 모태신앙을 지닌 제가 종교학을 공부하기 전에는 타종교에 대한 편견이나 행동의 제약을 많이 받았습니다. 자신의 종교에 충실하면서도 타종교를 존중하고 이해할 수 있는 건데 아직도 많은 이들이 타종교인을 질시하거나 싸우고 갈등하는 것을 봅니다. 저 역시 아직은 체면이 많고 사람들의 시선에서 자유롭질 못해 스님이 부탁한 몇 가지 일을 거절한 일이 있었는데도 이해해주셔서 고마웠습니다. 몇 년 전 법정 스님께서 입적하시기 전에도 마지막 인사를 하고 싶었으나 남이 어떻게 생각할까, 언론에 노출되면 어쩌나 두려워 제가 서울에 있었음에도 선뜻 문병을 가지 못했습니다.

저의 첫 시집《민들레의 영토》가 나온 1976년, 스님은 겨우 말을 배우기 시작한 어린이였으니 우리 둘 사이의 나이 차이는 상당한 것인데도 친구가 될 수 있음이 행복합니다. 저를 가끔 이모로 생각해주셔서 고맙습니다.

누가 무어라고 해도 중심을 잡고 꿋꿋이 수행자의 길을 가는 그 모습 앞으로도 계속 보여주십시오. 송무백열松茂柏悅! 그래요, 소나무 우거진 것을 보고 잣나무가 기뻐하는 그런 마음으로 스님의 신간 출간을 함께 기뻐하며 기도드리겠습니다. 부디 늘 푸른 소나무처럼 청정하십시오. 안팎으로 다양한 종류의 어려움과 고통을 겪고 나서야 조금 얻게 된 환희심을 조심스런 선물로 받아안은 저도 제 자리에서 노을빛 영성을 더 기쁘게 살겠습니다. 완벽하진 않아도 아름다울 수 있고 완벽하진 않아도 사랑의 승리자가 될 수 있음을 보여주는 수도자로 정진하겠습니다. 이 책에 실린 스님의 어록 하나를 다시 읽으며 이 편지를 마무리합니다.

> 삶이라는 여행에서 겪게 되는 힘든 사건은 나를 한번 크게 되돌아보게 하고 비슷한 어려움을 겪고 있는 사람들의 아픔도 생각하게 하면서 자비심을 일으키게 하는 밑거름이 됩니다. 힘든 일을 겪고 계신 분들, 그 일로 인해 지혜와 자비가 발현되시길….

2016년 봄이 올 무렵
부산 광안리 성베네딕도 수녀원에서

해인 수녀 드림

나의 작은 위로가 어두운 밤 누군가의 가슴속에
꺼지지 않고 남아 있는 작은 불씨가 되었으면.
거친 세상 속의 친근한 미소가 되었으면.
상처받은 이에게 "나는 그래도 네 편이야." 하고
따뜻하게 잡아주는 손이 되었으면.

완벽하지 않은 나, 불완전한 세상이지만
그들에 대한 사랑만큼은 온전합니다.

혜민 두 손 모아

소년의 꿈. oil on canvas, 116.8×72.7, 2013

혜민 스님과 함께하는
'마음치유학교'를 소개합니다

살다 보면 다양한 이유로 상처받고 치유가 필요할 때가 있습니다. 사랑하는 가족이 갑자기 세상을 떠나기도 하고, 믿었던 배우자나 친구가 배신을 하기도 합니다. 때론 사회생활하면서 스트레스가 누적되어 심신의 치유가 필요하기도 하고, 나이가 들면서 마음이 우울하거나 불안해지기도 합니다. 영어로 자비compassion는 '같이 아파한다'라는 뜻이라고 합니다. 즉 혼자 고립되어 아파하면 그 고통이 엄청 크게 느껴지고 해결 방법도 찾지 못하지만, 같이 모여서 아파하면 그 고통의 크기가 많이 줄어들고 그 안에서 지혜와 용기를 얻게 되는 것입니다.

마음치유학교는 "혼자 힘들어하지 마세요"라는 취지로 만들어졌습니다. 나만의 어려움이라고 생각했던 고통을 모여서 나누다 보면 그 과정 속에서 치유가 일어나고 지혜가 열리게 됩니다. 때론 그룹 상담을 통해 내 말을 온전히 들어주고 지지해주는 경험에서 위로를 받기도 하고, 혹자는 음악이나 글쓰기, 연극, 사진, 미술치유와 같은 도구를 이용해 눌러놓았던 마음을 표현하며 치유를 경험하기도 합니다. 어떤 이는 춤이나 요가로 몸을 먼저 다루는 과정 속에서 감정이 풀어지고 자유로워지는 경험을 하기도 합니다. 더불어 심리적 고통의 원인을 전문 심리 상담 선생님과 함께 1:1 혹은 그룹 안에서 같이 성찰하며 변화를 모색해볼 수도 있습니다.

사회가 성장할수록, 그래서 물질적으로 부유해질수록 오히려 마음은 공허하고 행복을 잘 느끼지 못하는 역설에 우리가 와 있습니다. 마음치유학교에선 이러한 우리 이웃들의 마음을 위로하고 치유하면서 지혜를 열어주는 치유공동체를 지향합니다.